埼玉学園大学研究叢書 第22巻

「生成AIによる業務改革」

—— ChatGPTやBardを活用した業務効率化 ——

Mori Masatoshi

森 雅俊 東京大学 博士（工学）

（埼玉学園大学 経済経営学部 教授）
データサイエンス科目群 担当

青山ライフ出版

はじめに

　この本を執筆する動機は、ChatGPT を知り、その凄さに感動し、この良さを世の中の人に知らせて、活用して欲しいと考えたからです。インターネットにより「情報の共有化」が進みましたが、生成 AI によって「知識の共有化」が進むと考えます。また、AI（人工知能）の発展フェーズが新しい段階に入ったとも感じています。その説明として、総務省の AI ネットワーク化検討会議、報告書「AI ネットワーク化の影響とリスク」の中に、データや情報、知識が AI によりネットワーク化される社会が、2030年までに生まれてくるという記述がありますが、7 年くらい早くその時代が来ており、それくらい生成 AI は、社会に与えるインパクトがあると思います。この本の狙いと目的として、以下のことを考えています。

本書の狙いと目的
1．生成 AI を正しく理解すること。（日進月歩なので、適用範囲がどんどん拡大しています）
2．生成 AI を活用して、業務効率化を図ること。
　情報収集活動は、生成 AI を活用し、人は、創造的な仕事や知的作業を増やし、人とのコミュニケーションを取る時間を増やすこと。
3．上記 2 を実現するための実行手順や活用方法を考える。
4．上記 2 を実現するために必要な知識や事例を紹介する。
5．生成 AI を活用する上での課題と対応策を考える。
（主に技術的な問題とセキュリティ対策と著作権について検討する）

　以上の本書の狙いと目的を少しでも達成することにより、低下している日本の競争力向上に生成 AI と AI を役立ててほしいと考えています。日本の競争力の指標の 1 つである 1 人あたりの労働生産性を計算する場合は、「生産量÷労働者数」という式で表されています。OECD データに基づく

2021 年の日本の時間当たり労働生産性は、米国（85.0 ドル／ 8,534 円）の 6 割弱に相当し、日本は、OECD 加盟 38 カ国中 27 位でした。

　1970 年では 10 位だったのが、残念ながら 2021 年では 27 位となりました。（個人的な見解では、円安により、ドル換算すると低いことを考慮するともう少し良い値になると思います）いずれにせよ、以前の活気ある企業活動を取り戻し、業務効率化により、ゆとりある生活や社会を取り戻す一助に AI（人工知能）の活用や生成 AI（ChatGPT や Bard）を活用できないかを調べ、その解説を試みたものです。

　この様な考えから、本書のタイトルは、
「生成 AI による業務改革」– ChatGPT や Bard を活用した業務効率化 –
となっていますが、従来の AI（人工知能）は、万能ではなく、分野別に画像処理、テキスト言語処理、音声認識、数値データ分析などのように分野別、専門別に分かれて発展してきました。これに対して、ChatGPT が注目されたことにより、多方面・多分野の知識が収集できるようになり、あたかも万能のように言われますが、ChatGPT は、自然言語（人の言葉）やテキストベース（プログラムなど）を理解する AI であり、その元データが世界中のインターネットから収集した大規模なデータセットから、言語データをまとめて口語の文章に記述しており、多くの分野の質問（プロンプト）に答えられるので、広い範囲に回答ができます。しかし、回答の全て正確とは言えないなど発展の余地があります。

　当初、この本のテーマは、「ChatGPT による業務効率化」を考えていましたが、Google が 2023 年 4 月に Bard を発表により「生成 AI」という用語を使うことに変更しました。また、生成 AI のなかには、従来の言語系以外に画像生成やイラスト生成の AI も含まれます。こちらは、自然言語系の GPT や Bard 以上に、著作権の問題が発生しています。
　本書の構成は、「第 1 章　生成 AI の概要と種類」では、生成 AI の概要から生成 AI の種類、ChatGPT の使い方と特徴、Bard の使い方と特徴を記述しています。一度、原稿が完成した後に Google Bard が発表されたので、Bard についても追加で記載しました。両社が、競い合ってよいサー

ビスを提供してくれることを願いたいものです。

　「第2章　生成 AI による仕事の変化と業務改革の方針」では、仕事のやり方が大きく変わることを示しています。現状の日本の状況から、生成 AI で大きく変わる仕事のやり方を紹介し、その上で、業務改革の方針と手順を示します。

「第3章　AI の理解」では AI の基本を解説しています。AI について、ご存じの人は、読み飛ばしてください。

「第4章　生成 AI による業務効率化と事例」では、生成 AI を使ってのシステム開発やプログラミング業務の効率化を紹介します。

「第5章　AI による業務効率化事例」は、従来からの AI を使った事例やサービスを紹介しています。

「第6章　生成 AI をビジネスで使用する上での課題と対策」では、業務上で生成 AI を使う上での対応を記述しました。

「第7章　セキュリティとデータ管理」ここでは、情報漏洩と著作権について扱っており、生成 AI に含まれる画像生成やイラスト生成は、著作権者の権利について問題が発生しています。また、データの管理ついて考えてみました。

　この本の作成にあたり、生成 AI の仕組みを考えるとき、人類の知識は、テキスト（言葉）をベースとしてできていることを改めて感じました。

　ですから、自然言語系生成 AI（ChatGPT や Bard）は、大量の言語情報を収集して整理して、AI に理解させ、大量の情報を蓄積することで、豊富な知識を身に付けたと言えます。これにより、人を超える知識や複数の言語理解、プログラミング作成などが可能となり、例えば東京大学の入試に合格できる知識や弁護士試験の合格できる知識を生成 AI が身に付けるレベルになっています。解説していく中で、AI の専門用語があり、その解説もしていますが、理解し難いところは、拘らず後で見直すつもりで、読み進めて頂ければと思います。

　また、この本を作成するにあたり、先行する AI を扱う先進企業から情報を得ており、事例などの資料は、許可を得て掲示しています。また、官公庁の白書や各種報告書は、出所を明記して引用や参考をさせてもらっ

ています。OpenAI 社から ChatGPT の資料や Google 社の Bard に関する資料も多く取り入れています。日進月歩の AI 技術なので、今後もいろいろな発表があると思いますが、できるだけ使って理解する姿勢が大切だと思っています。

目次

第1章
生成 AI の概要と種類

第1節　生成 AI の概要

　生成 AI（Generative AI）は、画像、文章、音声、プログラムコード、構造化データなど、さまざまなコンテンツを生成できる人工知能のことです。生成 AI は、AI の一種であり、データから新しいコンテンツを生成する能力を持つものを指します。生成 AI では、ChatGPT が有名ですが、大量のデータを学習した学習モデルが、人間が作成するような絵や文章を生成することができる文章生成モデル・自然言語処理モデルです。その他に画像を生成する AI があり、生成 AI が活用できることを挙げてみます。

　＜テキスト生成＞

　文章の要約、ニュース記事、ブログ記事、小説、詩、脚本、コード、台本、楽曲、メール、手紙など

　＜画像生成＞

　風風景画、人物画、動物画、静物画、アート作品、漫画、アニメ、写真など

　＜音声生成＞

　ナレーション、音楽、演劇、声優、モノローグなどに活用

　生成 AI の具体的な活用例としては、次のようなものがあります。3 種類に分けて説明します。

　①画像生成：生成 AI は、与えられた画像データセットに基づいて新しい画像を生成することができます。例えば、GAN はリアルな写真の

ような新しい画像を生成することが可能です。

②テキスト生成：生成 AI は、与えられたテキストデータセットから文章を生成することができます。例えば、文章の書き出しや物語の継続などを行うことができます。

③音声合成：生成 AI は、与えられた音声データセットに基づいて新しい音声を生成することができます。例えば、音声アシスタントやキャラクターの声の合成に使用されます。

　また、生成 AI は、医療分野や環境分野でも有用なアプリケーションとして期待がされています。しかし、生成 AI を使用する際には、生成されたデータがの正確性を確認する必要があります。生成 AI を、人間の仕事や作業をサポートするツールとして活用が期待されています。例えば、テキスト生成 AI でレポートの要約を行ったり、音楽生成 AI で動画制作に使用する簡単な BGM を作ったりすることが可能です。また、生成 AI はクリエイティブなコンテンツの作成にも活用されています。例えば、画像生成 AI を使ってオリジナルの絵を描いたり、文章生成 AI を使って小説や脚本を書いたりするなどです。生成 AI は、まだ開発段階ですが、さまざまな分野で活用され始めています。

　生成 AI は、既存のデータからパターンを学習するだけでなく、新しいデータを生成することができます。生成 AI が新しいデータを生成することができる仕組みは、大きく分けて 2 種類があります。

　1 つは、ディープラーニングと呼ばれる技術です。ディープラーニングは、人間の脳の神経回路を模倣した技術で、大量のデータを学習することで、複雑なパターンを認識したり、新しいデータを生成したりすることができます。

　もう 1 つは、GAN（Generative Adversarial Networks）と呼ばれる技術です。GAN は、生成モデルと識別モデルを競わせることで、新しいデータを生成する技術です。生成モデルは、識別モデルが誤った判断をするように訓練され、新たなデータを生成します。識別モデルは、生成モデルが生成したデータを正しく判別するように学習します。この二つのモデルの競合によって、より創造性の高いデータを生成することができます。

　自然言語系生成 AI のモデルには、様々な種類があります。その中でも、

よく知られているモデルには、以下の代表的なものがあります。
　GPT-3、DALL-E、Imagen、ChatGPT、InstructGPT、GPT-4
という 6 つのモデルがあります。

・GPT-3 は、OpenAI が開発した言語モデルです。GPT-3 は、テキスト
　生成、翻訳、要約、コード生成、質問応答など、様々なタスクに使用
　することができます。
・DALL-E は、OpenAI が開発した画像生成モデルです。DALL-E は、テ
　キストの説明をもとに、画像を生成することができます。
・Imagen は、Google AI が開発した画像生成モデルです。Imagen は、
　DALL-E よりも高品質な画像を生成することができます。
・ChatGPT は、OpenAI が開発したチャットボットモデルです。
　ChatGPT は、人間のような会話をすることができます。
・InstructGPT は、OpenAI が開発したテキストと画像の生成モデルです。
　InstructGPT は、テキストの説明と画像の例をもとに、新しい画像を
　生成することができます。
・GPT-4 は、Generative Pre-trained Transformer 4 の略であり、非営利
　団体の OpenAI が開発したマルチモーダルな大規模言語モデルです。
　GPT-3 と比べて、幅広い一般知識と問題解決能力があり、画像を読み
　取り、その内容を説明できる次世代の AI 言語モデルです。

　これらのモデルは、すべてディープラーニングと GAN をベースに開発
されています。また、GAN は、画像や音声、テキストなどの様々な種類
のデータを生成することができます。例えば、GAN を使って新しい芸術
作品や音楽を作成することができます。また、GAN を使用して、人工的
に合成されたデータを使用して、機械学習のモデルをトレーニングするこ
ともできます。

第2節　AIの理解と生成 AI

AI（人工知能）は、人間の知能を模倣または再現する技術やシステムを指す広い概念です。AIは、機械学習、パターン認識、意思決定、自然言語処理などのさまざまな技術と手法を使用して、データから学習し、タスクを実行する能力を持つことがあります。

表1－1　AIの種類

AIの種類	できることの例
画像認識	顔認識、物体認識、文字認識
音声認識	音声の翻訳、音声の要約
自然言語処理	言語の翻訳、言語の要約
異常検知	異常なデータの検出
分析・予測	データの分析、データの予測
単純作業	データの入力、データの処理
生成 AI	テキストの生成、画像の生成、音声の生成

AIでできることの代表例としては、以下があります。

①データの解析と予測：AIは大量のデータを解析し、パターンや相関関係を見つけ出すことができます。これにより、将来の予測や意思決定の支援が可能となります。

②画像・音声・テキストの認識：AIは画像や音声、テキストの認識を行うことができます。例えば、画像認識 AIは画像内のオブジェクトを識別し、音声認識 AIは話された言葉をテキストに変換することができます。

③自然言語処理：AIは自然言語を理解し、テキストデータを解析して質問に回答したり、文章を生成したりすることができます。機械翻訳やチャットボットなどがその応用例です。

＜AIと生成 AIの比較＞

生成 AI（または生成モデル）は、AIの一種でありデータから新しいコ

ンテンツを生成する能力を持つものを指します。

　生成 AI は、与えられたトレーニングデータセットに基づいて新しいデータを作成することができます。生成 AI は、教師なし学習の一形態であり、生成モデルの一部です。

　一方、一般的な AI は、データから学習してタスクを実行する能力を持つものであり、生成 AI のように新しいデータを生成することはありません。一般的な AI は、画像認識、音声認識、自然言語処理、意思決定などのタスクを実行するために使用されます。つまり、生成 AI は新しいデータの生成に特化した AI の一部であり、一般的な AI は多様なタスクを実行するための広範な AI の概念です。

　AI は多様なタスクを実行する能力を持ちますが、生成 AI は与えられたデータから新たなデータを作成することで、創造性やイノベーションの可能性を広げることができます。

　生成 AI は既存のデータを分析するだけでなく、新しいデータを生成することができます。

第 3 節　生成 AI の種類

　生成 AI は、テキスト、画像、コードなど、さまざまなクリエイティブなコンテンツを生成するように設計された人工知能の一種です。これは、膨大なデータセットでトレーニングされており、そのデータセットに基づいてコンテンツを生成します。生成 AI には、自然言語処理モデル（NLP）である ChatGPT,GPT-4,Bard も含まれます。本書では、自然言語処理モデルを中心に検討を進めます。そこで、少し学術的になりますが、自然言語処理の研究を大きく進めた論文「Attention Is All You Need」を紹介します。この論文は、31st Conference on Neural Information Processing Systems（NIPS 2017）, Long Beach, CA, USA で Ashish Vaswani ら 8 人の Google 関係者により発表されました。

　以下にこの論文のタイトルと筆者、アブストラクトを表示します。前述の論文「Attention Is All You Need」の要点を要約しますと以下のようになります。

Attention Is All You Need

Ashish Vaswani[*]
Google Brain
avaswani@google.com

Noam Shazeer[*]
Google Brain
noam@google.com

Niki Parmar[*]
Google Research
nikip@google.com

Jakob Uszkoreit[*]
Google Research
usz@google.com

Llion Jones[*]
Google Research
llion@google.com

Aidan N. Gomez[* †]
University of Toronto
aidan@cs.toronto.edu

Łukasz Kaiser[*]
Google Brain
lukaszkaiser@google.com

Illia Polosukhin[* ‡]
illia.polosukhin@gmail.com

Abstract

The dominant sequence transduction models are based on complex recurrent or convolutional neural networks that include an encoder and a decoder. The best performing models also connect the encoder and decoder through an attention mechanism. We propose a new simple network architecture, the Transformer, based solely on attention mechanisms, dispensing with recurrence and convolutions entirely. Experiments on two machine translation tasks show these models to be superior in quality while being more parallelizable and requiring significantly less time to train. Our model achieves 28.4 BLEU on the WMT 2014 English- to-German translation task, improving over the existing best results, including ensembles, by over 2 BLEU. On the WMT 2014 English-to-French translation task, our model establishes a new single-model state-of-the-art BLEU score of 41.0 after training for 3.5 days on eight GPUs, a small fraction of the training costs of the best models from the literature.

参考文献(1) [論文：Attention Is All You Need，　Ashish Vaswani etc., NIPS 2017]

　従来の機械翻訳モデルでは、再帰型ニューラルネットワーク（RNN）や畳み込みニューラルネットワーク(CNN)が使用されていました。RNN は、入力言語の各単語を順番に処理するネットワークです。CNN は、入力言語の各単語の特徴量を抽出する仕組みでした。

　これに対して、Transformer アーキテクチャでは、Attention というモデル（注意機構）が使用されています。Attention は、入力言語の各単語が、出力言語のどの単語と関連しているかを計算する機構です。注意機構により、Transformer アーキテクチャは、入力言語の全体的な意味を把握

し、より自然な翻訳を生成することができます。Transformer アーキテク
チャは、従来の機械翻訳モデルよりも効率的であり、より高い精度で翻訳
を生成できることが示されました。Transformer アーキテクチャは、その
後、他の言語の機械翻訳にも広く採用され、機械翻訳の精度を大きく向上
できました。

大規模言語モデル発展のプロセス
(LLM：Large Language Models)

CNN:(Convolutional Neural Network) は、画像処理やパターン認識に特化したディープラーニングモデルであり、畳み込み層とプーリング層から構成されます。これにより、画像内の特徴を学習し、高い性能を実現します。

RNN：（Recurrent Neural Network）は、シーケンシャルデータの処理に適したディープラーニングモデルであり、過去の情報を記憶しながら現在の入力を処理します。これにより、文脈や時系列の情報を考慮した予測や分類が可能となります。

Transformerは、自然言語処理のためのディープラーニングモデルであり、注意機構を利用して文脈を捉え、シーケンスの長期的な依存関係を効果的に学習します。これにより、高品質な機械翻訳や文章生成が可能となります。

大規模言語モデル（LLM：Large Language Models）ChatGPT、Bard

図 1-1　自然言語モデルに使われるモデルの進化

　この論文を契機に、大規模言語モデル（LLM：Large Language Models）
の開発が進み、図 1-1 に示した進化を遂げた結果、大量のテキストデー
タを使ってトレーニングされた大規模自然言語処理のモデルの構築に進み
ました。

1. 生成 AI モデルとデータセンターの概要

　生成 AI に使用される大規模言語モデル（LLM）を作成するためには、
膨大な計算リソースと大容量のデータストレージが必要です。このモデル
は、膨大なデータセットでトレーニングされており、そのデータセットに
基づいてコンテンツを生成します。生成 AI は非常に複雑なモデルであり、
巨大なニューラルネットワークを使用しています。これらのモデルは多く

のパラメータと層を持ち、大量の計算リソースを必要とします。データセンターには、高性能なプロセッサやグラフィックスカード、分散処理システムが備えられた環境で、大規模なモデルのトレーニングや推論に必要な計算が必要になります。

　また、生成 AI は、トレーニングに大量のデータを必要とします。これらのデータはデータセンターに保存され、必要な場合にアクセス可能な形で管理されます。

1）大規模データセンター

　大規模言語モデル用のデータセンターは、多数のサーバーやネットワーク機器を格納し、適切な冷却と電力供給を提供するために設計された施設です。以下に、LLM のデータセンターに関連するいくつかの重要な要素を説明します。

①サーバーハードウェア：データセンターには、高性能なサーバーが数千台以上設置されます。これらのサーバーは、計算リソースを提供し、LLM のトレーニングや推論タスクを処理します。

②ストレージ：大規模なデータセットやモデルパラメータを格納するために、データセンターには大容量のストレージシステムが必要です。高速なディスクやフラッシュストレージが使用され、データの読み書きを高速化します。

③ネットワークインフラストラクチャ：データセンター内のサーバーやストレージシステムは、高速なネットワークで接続されています。データの転送や分散処理を効率的に行うため、データセンター内部のネットワークは非常に高帯域幅で設計されています。

④冷却システム：大規模な計算リソースを持つデータセンターでは、サーバーやネットワーク機器から発生する熱を効果的に排出する冷却システムが必要です。一般的な冷却方法には、冷却タワーや冷却水の使用、ホット / コールドアイル設計などがあります。

⑤電力供給：データセンターは非常に高い電力要求を持ちます。大規模な LLM のトレーニングや推論タスクを実行するためには、大量の電力が必要です。そのため、データセンターは強力な電力供給システム

を備えており、バックアップ電源や冗長化の機構を持っています。

　これらの要素は、LLM のトレーニングや推論を効率的かつ信頼性の高い方法で実行するために重要です。データセンターは、大規模な計算ニーズを満たすために設計され、高い可用性とパフォーマンスを提供します。

2）生成 AI のモデルについて

　生成 AI に使われている主なモデルについて説明しますが、その前に、AI におけるモデルについての解説が必要と思います。AI で使うモデルとは、データや知識を表現し、問題を解決するための数学的な表現やアルゴリズムのこと（数式モデル）を指します。AI モデルは、データから学習したり、推論を行ったりするために使用されます。一般的に、AI モデルは入力データを受け取り、それに基づいて特定のタスクを実行するためのアルゴリズムを適用します。これらのモデルは、ディープラーニング、機械学習、統計モデリングなどの手法に基づいて構築されます。モデルは、パラメータや重みと呼ばれる調整可能な変数を持っており、これらの変数は学習アルゴリズムによって最適化されます。学習の過程では、モデルは訓練データセットを使用して予測を行い、その予測と正解の間の誤差を最小化するようにパラメータを調整します。この最適化の過程によって、モデルはデータのパターンや関係性を学習し、未知のデータに対する予測を行う能力を獲得します。

＜ AI のモデルに関する用語＞
・敵対的生成ネットワーク（GAN）
　GAN は、2 つのニューラルネットワークが相互作用して新しいコンテンツを生成する AI モデルです。1 つのネットワークは本物と見分けがつかない偽のコンテンツを生成するジェネレーターであり、もう 1 つのネットワークは本物と偽のコンテンツを区別する識別器です。2 つのネットワークは相互に学習し、ジェネレーターは偽のコンテンツを生成するのが上手になり、識別器は本物と偽のコンテンツを区別できるようになります。
・変分オートエンコーダー（VAE）

VAE は、データの圧縮と元の形式への復元を行う AI モデルです。 VAE
は、データを圧縮してベクトル表現に変換するエンコーダーと、ベクト
ル表現から元のデータを復元するデコーダーの 2 つのニューラルネット
ワークで構成されています。

・畳み込みニューラルネットワーク（CNN）

　CNN は、画像の特徴を抽出して新しい画像を生成する AI モデルです。
CNN は、画像を小さなピクセルグリッドに分割し、各ピクセルグリッド
について特徴を抽出するニューラルネットワークです。

・リカレントニューラルネットワーク（RNN）

　RNN は、テキストの特徴を抽出して新しいテキストを生成する AI モデ
ルです。 RNN は、テキストを単語のシーケンスに分割し、各単語につい
て特徴を抽出するニューラルネットワークです。

・トランスフォーマー（Transformer）

　Transformer は、2017 年に論文発表された "Attention Is All You Need"
で提案された自然言語処理の深層学習モデルです。従来の CNN や RNN を
用いたエンコーダ・デコーダモデルとは異なり、エンコーダとデコーダを
Attention というモデルのみで結んだネットワークアーキテクチャです。

　Attention とは、ある単語の意味を理解するために、その単語に関連す
る他の単語に注目する機構です。Transformer では、Attention 機構をエ
ンコーダとデコーダの両方に使用することで、テキストの長さに関係なく
より効率的に意味を理解することができます。このモデルは、Attention
のみを使用して学習しても高い精度で翻訳ができるというもので、高い精
度や学習コストの低さから、非常に優れているモデルです。Transformer
の特徴としては、以下の３つがあります。

　①エンコーダ・デコーダモデルをベースとしている

　② Self-Attention を組み込んでいる（Self-attention は、Transformer 内
の重要なコンポーネントで、各単語の関連性を計算するメカニズムです。
位置に関係なく単語間の重要な接続を抽出します）。

　③ Position-wise Feed-Forward Network が組み込まれています。
（Position-wise Feed-Forward Network は、各位置の単語ベクトルに対し
て非線形変換を行う層で、局所的な特徴を強調します）。

生成 AI の ChatGPT や Bard に使用されている AI モデルが、Transformer です。

・BERT

（Bidirectional Encoder Representations from Transformers の略）は、「Transformer による双方向のエンコード表現」と訳され、2018 年 10 月に Google の Jacob Devlin らの論文で発表された自然言語処理モデルです。

・Attention

AAttention とは、簡単にいうと文中の単語の意味を理解するのにどの単語に注目すればいいのかを表すスコア、もしくはそれを出す機構です。入力されたデータに重み付けをして重要性を考慮したベクトル量として出力します。例えばある画像が入力されて画像の説明を出力するとします。そのとき Attention 機構は既に生成された単語のコンテクスト情報を前の隠れ層から受け取り、次に画像のどこに注目すべきなのかを推論します。

次の図 1 － 2 に生成 AI に使われている上記のモデルによって処理されるテキスト（文字）のつながりを決めるアルゴリズムのイメージを示しています。

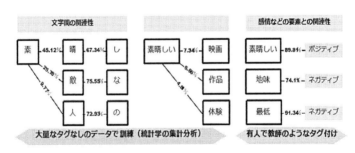

図 1-2　ChatGPT のモデルである Transformer　の処理イメージ

参考文献（2）：エボラニ株式会社提供資料
https://anybot.me/#demo

＜生成 AI にできる主なこと＞

下記のような事項ができます。

・テキストの生成：生成 AI は、詩、コード、スクリプト、楽曲、メール、手紙など、さまざまな種類のテキストコンテンツを生成できます。

・画像の生成：生成 AI は、風景、ポートレート、動物、物体など、さまざまな種類の画像を生成できます。

・プログラムコードの生成：生成 AI は、Web サイト、アプリケーション、ソフトウェアプログラムなど、さまざまな種類のコードを生成するのに使用できます。

・質問への回答：生成 AI は、オープンエンド、挑戦的、または奇妙な場合でも、質問に包括的かつ有益な方法で答えることができます。

・さまざまなクリエイティブなコンテンツの作成：生成 AI は、絵画、音楽、ビデオ、3D モデルなど、さまざまな種類のクリエイティブなコンテンツを作成するために使用できます。

参考文献（3）：

すえつぐの NLP&G https://nlpillustration.tech/?p=2171

2．ChatGPT について

　ChatGPT は、OpenAI によって開発された大規模な自然言語処理（NLP）モデルの 1 つです。ChatGPT は、自然言語の生成、翻訳、質問応答などのタスクに利用できます。ChatGPT は、GPT-3.5 アーキテクチャをベースにしており、最新の NLP 技術として注目されています。ChatGPT は、人工知能技術を用いた対話システムの開発に役立ちます。ChatGPT は、人工知能による自然言語の理解と生成に優れた性能を発揮するため、様々なチャットボットや仮想アシスタント、機械翻訳などのアプリケーションに利用されています。ChatGPT は、大量の自然言語データに基づいてトレーニングされており、多数の言語で利用可能です。ChatGPT は、様々な NLP タスクに対して高い精度を発揮することが報告されており、NLP 分野において非常に重要な役割を果たしています。

3．GPT-4 について

GPT-4 は、（Generative Pre-trained Transformer 4 の略）です。OpenAI によって開発されたマルチモーダル大規模言語モデルです。2023 年 3 月 14 日に公開されました。自然言語処理に Transformer を採用しており、教師 なし学習によって大規模なニューラルネットワークを学習させ、その後、人間のフィードバックからの強化学習（英語版）（RLHF）を行っています。GPT-4 は 25000 語以上のテキストを同時に読み取ることができ、これは以前のバージョンに比べると大幅に改良されています。

4．Bard について

Bard は、Google の大規模な言語モデルです。テキストとコードの大規模なデータセットでトレーニングされており、テキストの生成、言語の翻訳、さまざまな種類のクリエイティブなコンテンツの作成、質問への回答を行うことができます。Bard は生成型 AI の一種です。Bard は、膨大なテキストとコードのデータセットでトレーニングされており、テキストの生成、言語の翻訳、さまざまな種類のクリエイティブなコンテンツの作成、質問への回答を行うことができます。

Bard は、幅広いプロンプトや質問に応じて、人間のようなテキストを通信および生成することができます。例えば、事実のトピックの要約やストーリーの作成などが可能です。開発中ではありますが、様々なタスクにおいて次のような能力を獲得しています。オープンエンド、やりがいのある、または奇妙な質問であっても、包括的かつ有益な方法で回答します。また、詩、コード、スクリプト、楽曲、メール、手紙など、様々なクリエイティブなテキスト形式のコンテンツを生成します。このデータセットには、書籍、記事、ウェブサイト、コードなど、さまざまな種類のテキストが含まれています。データセットを使用して、テキストの生成、言語の翻訳、さまざまな種類のクリエイティブなコンテンツの作成、質問への回答方法を学習しています。

Bard は、Transformer モデルを使用した大規模な言語モデルです。Transformer は、2017 年に論文発表された "Attention Is All You Need" で提案された自然言語処理の深層学習モデルです。従来の CNN や RNN

を用いたエンコーダ・デコーダモデルとは異なり、エンコーダとデコーダを Attention というモデルのみで結んだネットワークアーキテクチャです。 Attention とは、ある単語の意味を理解するために、その単語に関連する他の単語に注目する機構です。Transformer では、Attention 機構をエンコーダとデコーダの両方に使用することで、テキストの長さに関係なく、より効率的に意味を理解することができます。Bard は、Transformer モデルを使用して、テキストを生成し、言語を翻訳し、さまざまな種類のクリエイティブ コンテンツを作成でき、質問に答えることができます。

＜Bard の特徴＞

Google は Bard がデータを使用する期間に関するポリシーを公開していませんが、ユーザーのプライバシーを保護するための厳格なポリシーを遵守しているため、Bard がユーザーのデータを尊重して使用することが確信されています。

Bard の特徴は、新しいデータを使用していることだと思います。生成AI の問題点として、「情報が古い（情報を集めた時点以後の情報がない）」、「GPT の回答には、自社企業の情報が保有されていない」が挙げられています。その問題への対応方法を考える上での参考として、情報の種類と時系列の関係を図示します。

下記の図 1 － 4 は、ChatGPT を利用する上で、理解が必要なデータの関係を示しています。使用する人が、現時点におり、ChatGPT のデータは、2021 年 9 月までに収集したデータを使用しています。他にも、ChatGPT が学習データとして使用していないネット情報や、更に企業の情報（公開と非公開情報）という区分に分けられます。尚、Bard は、最新の情報も取り込んで学習しているようです。

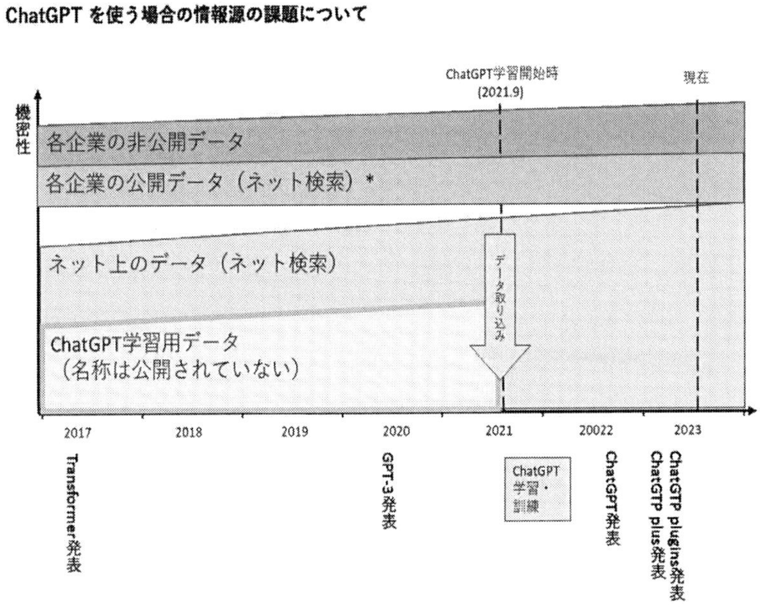

ChatGPT を使う場合の情報源の課題について

図 1-4　ChatGPT のデータ関係図

5．Microsoft と OpenAI の関連サービス（Bing AI チャット）

　前述の ChatGPT や GPT-4 には、Microsoft が、OpenAI の GPT と提携し、Bing AI チャット（Bing チャットモード）によるリアルタイム検索を連携して使えるようになっています。

1）Bing AI と ChatGPT

　ChatGPT のモデルのトレーニングでは、人間のトレーナーによるフィードバックを活用した強化学習が行われます。このプロセスを経ることで、ChatGPT はより「人間らしい」応答ができるようになりますが、最新情報への対応は制限されます。Bing のチャットモードを利用するには、Microsoft アカウントでログインする必要があります。 Microsoft アカウントを持っていない人は、新規作成できます。

　ログイン後は、Bing の公式ページから「今すぐチャット」をクリックすると、チャットモードに入ることができます。 チャット欄に質問を入

力して送信すると、Bing の AI が回答してくれます。もしスマホアプリや
パソコン用ブラウザで利用したい場合は、以下の方法でアクセスできます。

　スマホアプリ「Microsoft Bing 検索」(iOS 、Android) パソコン用ブ
ラウザ「 Edge 」(Windows、macOS) パソコン用ブラウザ「 Chrome 」
(Windows、macOS)

　Bing のチャットモードは、Bing 検索技術を用いているため、最新情報
を含めたチャット回答が可能です。 つまり、今年の情報も取り入れられ
るということです。

　一方、Google 検索などの検索エンジンでは、検索結果のページが一覧
で表示されます。そのため、公的機関や学術論文など信頼性の高いページ
から情報を選択的に収集することができます。

　また、複数の関連ページが表示されるため、各ページの内容をざっと目
を通し、内容の精査や比較検討することができます。

6．生成 AI で生活を便利に
＜生成 AI を生活に生かそう＞
　生成 AI に活用して、生活を便利にする質問をしてみましょう。例えば
以下のようなことです。
　①夕食のレシピを聞く「5 月末の旬な材料を使う夕食のレシピを教えて」
　　と聞いたところ、「アスパラガスとハムの巻き揚げ」「新じゃがいもと
　　グリーンピースのサラダ」などを回答してきました。気に入ったおか
　　ずの詳細なレシピを聞くことができます。
　②文面の作成：「同窓会」「飲み会」の案内文作成ができます。
　③「法律相談」や「行政への提出書類」などについて聞くことができま
　　す。GPT-4 は、弁護士試験に合格するほどの知識を持っています。
　④趣味を豊かにする。趣味を始める手ほどきとして、俳句を生成 AI で
　　作って勉強しましょう。生成 AI に「初夏の俳句を作って」と頼むと
　　「緑濃く　草木の息吹　初夏の風」「涼風に　揺れる葦の音　初夏の朝」
　　と返事が来ます。自分の著作ではないので気を付けましょう。

＜仕事に生かそう＞

　ChatGPT や Bard を仕事に使おうとしたときに問題があります。それは、自社の重要な情報を持っていないことです。自社の重要情報は、公開していないことが一般的です。対応方法は、3 つ方法があります。

　第 1 は、少ない情報量で、機密性が低い情報なら、プロンプト入力時に生成 AI に送って回答を得る方法があります。

　第 2 は、生成 AI と契約を結んで、自社専用に生成 AI を使う方法もです。具体的には、プラグイン接続と API 接続の方法があります。

　第 3 は、この中間的な方法で、自社システムと生成 AI をを並行して使用する方法です。

　重要な社内データを保有する会社などでは、ユーザの質問の問い合わせ先を自社システムで答えるか、外部の生成 AI を使って回答するかで分けて使用する方法があります。情報の種類と情報収集の時期によって、使い方を考えることになります。

7．ChatGPT と Bard の違いについて

　Bard と ChatGPT はどちらも、テキストの生成、言語の翻訳、さまざまな種類のクリエイティブコンテンツの作成、質問への回答を行うことができる大規模な言語モデルです。ただし、2 つのモデルにはいくつかの重要な違いがあります。

　Bard と ChatGPT の主な違いは次のとおりです。

・データセット：Bard は、テキストとコードの大規模なデータセットでトレーニングされていますが、ChatGPT はテキストの大規模なデータセットでトレーニングされています。これにより、Bard は ChatGPT よりも包括的かつ有益な回答を生成できます。

・機能：Bard は詩、コード、スクリプト、楽曲、メール、手紙など、さまざまなクリエイティブなテキスト形式のテキストコンテンツを生成できます。

・リアルタイムの情報へのアクセス：ChatGPT はリアルタイムのインターネット検索を通じて現実世界からの情報にアクセスして処理できますが、Bard はできません。これにより、ChatGPT はより自然で応

答性の高い会話をすることができます。（上記 3 項目は、Bard の意見です。）最終的に、Bard と ChatGPT のどちらを使用するかは、特定のニーズによって異なります。これに対して、Transformer アーキテクチャでは、Attention というモデル（注意機構）が使用されています。Attention は、入力言語の各単語が、出力言語のどの単語と関連しているかを計算する機構です。応答性が高く、より自然な会話をできるモデルが必要な場合は、ChatGPT が適しています。

　Bard は ChatGPT よりも新しいモデルであり、より大きなデータセットでトレーニングされています。これにより、Bard はより包括的かつ有益な回答を生成することができます。ただし、ChatGPT は Bard よりも応答性が高く、より自然な会話をすることができます。

8．生成 AI の使用データについて

　ChatGPT は、2021 年 9 月までのデータを使用しており、それ以降の情報は、持っていません。ChatGPT は、OpenAI が所有する多数のオンラインプラットフォーム、ウェブサイト、書籍、記事、ニュース記事、論文、ブログ、社交メディアなどの様々なソースから学習用データを収集しています。

　具体的には、OpenAI は、Wikipedia、Common Crawl、BooksCorpus、WebText、Gutenberg などの大規模なデータセットやコーパス（新聞、雑誌、本などに書かれている中身や、文字化した話し言葉を大量に集め、コンピュータでいろいろ検索・分析して調べられるようにしたデータベースのこと）を利用しています。

　ChatGPT3.5 は、OpenAI が 2021 年 7 月に発表した言語モデルであり、そのトレーニングに使用されたデータは 2021 年 3 月までのものです。ただし、ChatGPT3.5 がリリースされた後も、OpenAI は継続的に新しいデータを追加し、モデルのパフォーマンスを改善しています。また、ChatGPT3.5 には、大量のテキストデータに対して自動的にクリーニングや初期を行うプロセスが合理化されており、モデルの品質を向上させるためにさまざまな手法が採用されています。

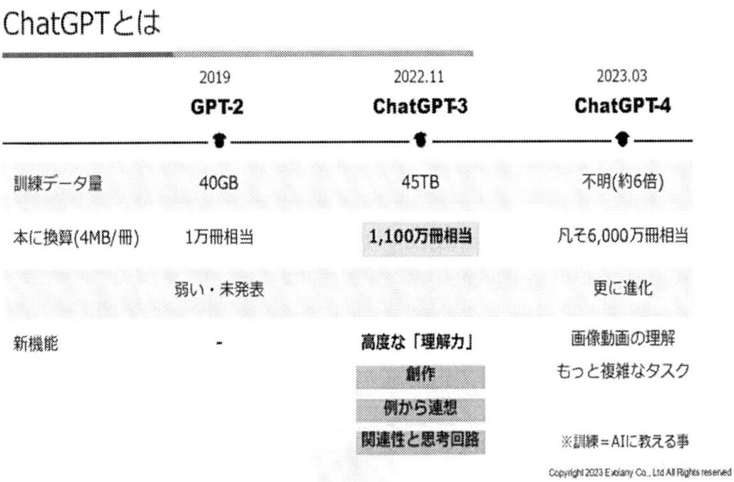

ChatGPTとは

	2019 GPT-2	2022.11 ChatGPT-3	2023.03 ChatGPT-4
訓練データ量	40GB	45TB	不明(約6倍)
本に換算(4MB/冊)	1万冊相当	1,100万冊相当	凡そ6,000万冊相当
	弱い・未発表		更に進化
新機能	-	高度な「理解力」 創作 例から連想 関連性と思考回路	画像動画の理解 もっと複雑なタスク ※訓練＝AIに教える事

図 1-3　ChatGPT 訓練データ量推移
参考（4）：エボラニ株式会社提供資料　https://anybot.me/#demo

＜ GPT-4 について＞

　OpenAI は、2023 年 5 月 1 日に日本でも GPT-4 をリリースしています。
　ただし、GPT-4 が使用しているデータセットの詳細は公式に発表され
ていません。OpenAI は常に新しいデータを収集し、最新の技術や手法を
組み合わせて、より大規模かつ高度な自然言語処理モデルを開発してい
ます。 OpenAI は、「ディープ　ラーニングをスケールアップする OpenAI
の取り組みにおける最新のマイルストーンである GPT-4 を作成しました。
GPT-4 は、大規模なマルチモーダル モデル（画像とテキストの入力を受
け取り、テキストの出力を出力する）であり、現実世界の多くのシナリオ
では人間よりも能力が低いものの、さまざまな専門的および学術的なベ
ンチマークでは人間レベルのパフォーマンスを示します。」（2023 年 3 月
14 日 OpenAI 発表資料より）

　OpenAI によると「GPT-4 の開発では、画像とテキストの入力を受け
入れ、テキスト出力を生成できる大規模なマルチモーダル モデルです。
GPT-4 は、現実世界の多くのシナリオでは人間よりも能力が劣りますが、
さまざまな専門的および学術的なベンチマークで人間レベルのパフォーマ
ンスを示し、受験者の上位 10% 程度のスコアで模擬司法試験に合格する

など、人間レベルのパフォーマンスを示します。GPT-4 は、ドキュメント内の次のトークンを予測するために事前トレーニングされた Transformer ベースのモデルです。トレーニング後の調整プロセスにより、事実と望ましい動作の遵守の尺度におけるパフォーマンスが向上します。このプロジェクトの中核となるコンポーネントは、幅広い規模で予測どおりに動作するインフラストラクチャと最適化手法を開発することでした。これにより、1/1 以下でトレーニングされたモデルに基づいて GPT-4 のパフォーマンスのいくつかの側面を正確に予測できるようになりました。」この 1/1 の意味が分かりにくいのですが、1/1 以下でトレーニングされたモデルとは、GPT-4 の訓練に使用されたデータセットの一部を使って学習した小さなモデルのことを指しています。 1/1 というのは、分子が 1 で分母が 1 という意味です。 つまり、全体のデータセットを使ってトレーニングしたモデルではなく、その一部だけを使ってトレーニングしたモデルということです。 このようなモデルは、GPT-4 の全体的な性能や特性を予測するために役立ちます。 例えば、GPT-4 は 8 つの専門モデルから構成されていますが、それぞれの専門家モデルは 1/1 以下でトレーニングされたモデルに基づいて選択されています。

参照「GPT-4 テクニカルレポート」最終改訂日 2023 年 3 月 27 日
参考文献（8）：
OpenAI「GPT-4 テクニカルレポート」最終改訂日 2023/ 3（バージョン v3）

＜ OpenAI の会社概要＞

OpenAI について説明します。2015 年に非営利研究機関として設立され、現在では AI（人工知能）開発を行う営利企業として知られています。営利法人 OpenAI LP とその親会社である非営利法人 OpenAI Inc. からなるアメリカの人工知能（AI）の開発を行っている企業です。

本社所在地：アメリカ合衆国サンフランシスコ

沿革:2015 年 12 月 11 日、サム・アルトマン、イーロン・マスクらによって設立された。

2022 年 7 月 20 日、 DALL・E の β サービスを開始

11 月 30 日、　　ChatGPT を公開 [13]。

2023 年 1 月 23 日、　　OpenAI LP はマイクロソフトから 100 億米ドルの出資を受け、マイクロソフトが 49%の株式を取得。

最高経営責任者（CEO）サム・アルトマン、
共同創業者兼社長のグレッグ・ブロックマン

OpenAI の目標：OpenAI は、人工知能（AI）の研究と開発を行う非営利団体であり、その目標は、人間の生活を向上させるために AI の利益を全人類に広めることです。そのため、OpenAI は AI の研究と開発に力を注ぎ、その成果を可能な限り多くの人々に利用できるようにしています。

OpenAI の方針は、AI の利益を全人類に広めることにあります。これは、AI が人間の生活を向上させるための強力なツールであるという信念に基づいています。しかし、その一方で、AI の利用には慎重さも求められています。例えば、ChatGPT などの社内利用を制限もしくは禁止する動きが見られます。これは、AI の利用が情報の漏洩や誤った情報の生成などのリスクを伴う可能性があるためです。OpenAI は、このようなリスクを認識しつつも、AI の可能性を最大限に引き出すための研究と開発を続けています。

第 4 節　ChatGPT の使い方と特徴

1. ChatGPT の使い方

ChatGPT（GPT-3,GPT-3.5）や GPT4 は、OpenAI の HP から登録設定または、ログインできます。

もう既にお使いの方も多いと思いますが、初めての方用に基本的なことから記述します。

ChatGPT で検索すると、他社のサービス（宣伝）が最初に出てくるので、混乱しますので、OpenAI の HP https://openai.com/ より入り、GPT の登録や、ログインがいいと思います。

日本版と英語版がありますので、右上に出るポップアップで日本語を選

びましょう。または、プロンプトに日本語を入力すると日本が画面に自動で変わります。

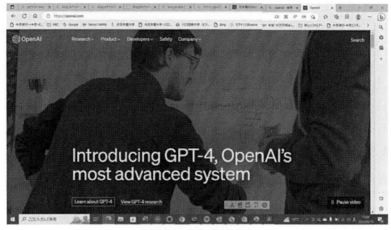
GPT-4 の画面（英語版）

GPT-4 の画面（日本語版）

　下記の画面が、ログイン後 ChatGPT の画面です。その下部にある質問（プロンプト）を入力します。
　注）プロンプトとは、人が生成 AI に出す依頼・命令・質問のことを言います。それが、適格であるかにより、回答が異なってきます。

　以下に ChatGPT の使い方について、手順をまとめました。使用方法を実際に、ChatGPT に聞いてみると下記の回答が返って来ます。本書では、ChatGPT-3.5 を主に使用しています。

　まず、ChatGPT の使い方についてです。
質問は、プロンプトを入力して送ります。

---------- プロンプト ----------
こんにちは、ChatGPT の使い方を簡単に教えてください。

----------　回答　------------
1. メッセージを入力してください。 ChatGPT に聞きたいことや伝えたいことを書いて送信してください。
2. 回答を待ちましょう。ChatGPT はあなたのメッセージを読んで、返答を生成します。少し待って回答が表示されるのを待ちましょう。
3. 対話を続けるか、終了します。 ChatGPT の回答に満足したら、新しい質問やメッセージを入力して対話を続けることができます。終了したい場合は、単純に入力を停止すれば終了です。

---------- プロンプト ----------
もうすこし詳しく教えてください。

---------- 回答 ------------
1. テキストで話しかける：ChatGPT はテキストで対話します。
　例えば、「おはよう」と入力すると、ChatGPT もテキストで返事
　をします。
2. 回答を受け取る：ChatGPT はあなたのメッセージに基づいて回答
　を生成します。その回答はテキストで表示されます。
3. 対話を続ける：ChatGPT の回答に対して、続けて別の質問やメッ
　セージを送ることができます。会話は続けることができます。
4. 必要に応じて修正を行う：ChatGPT の回答は自然な言葉で生成さ
　れますが、時には冗長だったり正確でなかったりすることがありま
　す。必要ならば回答を修正して読みやすくすることができます。
5. 終了する：ChatGPT との対話を終了する場合は、単純に入力を停
　止すれば終了です。
------------- End ----------------

重要なポイント：
・ChatGPT は学習されたモデルであり、一般的な知識や豊富な知識を
　持っていますが、最新の情報は、持っておらず、特定の専門知識は限
　られていますので、必ず正確な回答が来るとは限りません。
・正確な情報をプロンプトに入力して提供することで、より適切な回答
　を得ることができます。
・ChatGPT は人間のように対話しようとしていますが、理解しきれない
　質問や正確でない回答もありますので、注意が必要です。

　以上　ChatGPT との質疑応答です。これらは一般的な例ですが、
OpenAI は各企業のニーズに合わせて、様々なライセンス契約を結ぶこと
ができます。ちなみに、契約内容や費用については、OpenAI と直接打ち
合わせる必要があります。

2. ChatGPT の特徴と仕組み

　ChatGPT は、OpenAI が開発した自然言語処理モデルで、テキスト生成や対話応答などのタスクに使用されます。ChatGPT は、大量のテキストデータを学習して、言語のパターンや文脈を理解し、自然な文章を生成する能力を持っています。ChatGPT の仕組みは、深層学習モデルである「Transformer」と呼ばれるアーキテクチャをベースにしています。Transformer は、入力文に続く単語を予測するためのモデルであり、文脈を考慮して文章を生成することができます。

　ChatGPT の学習には、教師ありのファインチューニングという手法が使用されます。これは、人間が望ましい出力文を提供することで、モデルを学習させる方法です。さらに、Reward Model と呼ばれるモデルを使用して、生成された文の良さを評価し、ランキング付けすることも行われます。

　ChatGPT の性能向上のために、RLHF（Reinforcement Learning from Human Feedback）と呼ばれる手法も利用されます。これは、人間のフィードバックに基づいてモデルを強化学習させることで、より高度な応答ができるようにします。ChatGPT は、文章の生成、要約、質問応答、翻訳など、さまざまなタスクに応用することができます。ユーザーからの入力に対して、ChatGPT は適切な応答を生成し、対話を行うことができます。

ChatGPTの発展推移

2018年　**GPT-1（Generative Pre-trained Transformer 1）**
　　　　最初のGPTモデルで、トランスフォーマーアーキテクチャをベースにしており、大規模なテキストデータセットで事前学習を行うことで、文章生成や質問応答などの自然言語処理タスクで良好な結果を示しました。

2019年　**GPT-2（Generative Pre-trained Transformer 2）**
　　　　GPT-1より大規模なモデルとなり、文章能力が向上しました。

2020年　**GPT-3（Generative Pre-trained Transformer 3）**
　　　　これまでのモデルよりもはるかに大規模で、1750億のパラメータを持つモデルです。GPT-3は、非常に幅広い自然言語処理タスクで驚異的な成果を上げ、会話生成、文章要約、翻訳など多岐にわたるタスクで人間のような文章を生成することができます。

2022年　ChatGPT発表
12月

2023年　GPT4発表
3月

図 1-5　Chat-GPT の仕組み

参考文献（5）：Qiyyta@omitte https://qiita.com/omiita
https://qiita.com/omiita/items/c355bc4c26eca2817324 文献 b
参考文献（6）：NRI 用語解説
https://www.nri.com/jp/knowledge/glossary

　上記の図 1-5「ChatGPT の発展推移」は、ChatGPT が開発されるまでの AI の深層学習の発展について説明しています。ChatGPT に使われているモデルは、Transformer というモデルですが、その前身となったのが CNN です。 CNN は、2012 年頃から開発され、人間の脳が視覚情報を処理する方法を漠然と模倣した畳み込みという技術を織り込んだニューラルネットワークです。

　CNN は、画像の中のオブジェクトを識別したり、顔を認識したり、手書きの数字を読み取ったりするような視覚的問題を解決することにかなり成功してきました。一方、自然言語処理のモデルは、語順を把握する必要があり、1 つの単語を順番に処理することで語順を考慮したモデルになりました。

3. ChatGPT 新機能
1）EXCEL との連携
　EXCEL の画面から ChatGPT が使えるようになりました。

　使用の方法：EXCEL メニュー「挿入」から「アドインを入手」を選びます。個人用アドインから ChatGPT を選びます。API Key がいりますので、ChatGPT にログインして、API Key を作成して、コピーをします。それを EXCEL 画面の右側の GPT の API　Key に貼り付けます。この手順は、変更になることがありますので、Microsoft の HP で確認するといいです。

EXCEL と GPT を連携させることで、以下のようなことが可能です。

①データの入力と処理：EXCEL で収集したデータを GPT に渡し、自然
　言語処理や文章生成などのタスクを実行します。たとえば、EXCEL
　で収集したテキストデータを GPT に渡して文章の要約や質問応答を
　行い、テキストデータを分析して結果を EXCEL に返すことができま
　す。

②自動レポート生成：EXCEL のデータを GPT に渡し、自動的にレポー
　トや文章の生成を行います。たとえば、EXCEL で集計されたデータ
　を GPT に渡して解析し、その結果を文章としてレポートにまとめ、
　グラフや図表を生成することができます。

③データの予測と予測結果の表示：EXCEL に格納されたデータを GPT
　に渡し、予測モデルを作成し予測を行います。たとえば、EXCEL に
　格納された数値データを GPT に渡し、回帰モデルや分類モデルを作
　成して予測結果を表示することができます。

＜ EXCEL 連携の手順＞

　EXCEL と GPT を連携させるための方法は、以下の手順で行うことができます。

　データの準備：EXCEL で必要なデータを整理し、GPT に渡すための形式に変換します。たとえば、テキストデータを CSV 形式でエクスポートするなどの方法があります。

　GPT の利用：GPT を利用するための API やツールを活用します。OpenAI の GPT-3 を使用する場合は、OpenAI の API を利用する方法があります。API を使用する場合は、API キーの取得と API のエンドポイントへのアクセス方法を確認します。

　データの送信と結果の取得：EXCEL から GPT へのデータの送信や結果の取得は、API を介して行います。API を呼び出すためのコードを書き、データを送信し、GPT からの応答を受け取ります。多くのプログラミング言語（Python など）では、API リクエストを簡単に行うためのライブラリが提供されています。結果の表示または保存：GPT から受け取った結果を EXCEL に表示したり、別のファイルに保存したりします。たとえば、生成された文章を EXCEL のセルに表示する方法や、分析結果をグラフとして EXCEL に挿入する方法があります。

　以上の手順を実行することで、EXCEL と GPT を連携させることができます。ただし、具体的な実装方法や詳細なコーディングについては、使用する API や具体的な要件によって異なるため、その都度適切なリファレンスやドキュメンテーションを参照することが重要です。

手順は、以下の通りに行います。

「アドイン入手」「Office アドイン」から「ChatGPT for Ecxel」を選びます。

「Excel Labs」という方法もあります。

次に、会社が ChaGPT と契約して使う場合について聞いてみました

---------- プロンプト ----------

質問：会社が ChatGPT を利用する場合、その契約の種類と内容を教
　　　えてください。

----------　回答　------------

回答：会社が ChatGPT を利用する場合、OpenAI は「OpenAI API」
　　　を提供しています。OpenAI API は、企業や開発者が「ChatGPT
　　　を統合し、自社のアプリケーションやサービスで利用するため
　　　のプラットフォームです。

・OpenAI API の契約に関する具体的な内容は、OpenAI のウェブサ
　イト上の契約条件や利用規約に詳細が記載されています。以下は

一般的な契約内容の一例ですが、最新の情報を確認するためには OpenAI の公式情報を参照してください。

・利用制限：OpenAI API の利用は、法的に許可された目的に限定されます。契約者は OpenAI の利用規約に同意し、規定に従って API を利用する必要があります。

・利用料金：OpenAI API の利用には料金が発生します。料金体系や価格設定に関する情報は OpenAI のウェブサイトで公開されており、契約者はこれに基づいて料金を支払う責任があります。

・制限事項：OpenAI API の利用は、一定の制限事項に従う必要があります。例えば、リソースの適切な使用、API の乱用や不正利用の禁止、プライバシーとセキュリティの保護などが含まれます。

　データの利用：OpenAI は API の利用に関連するデータの収集や利用について、プライバシーポリシーに基づいて規定しています。契約者はこのポリシーに従ってデータを取り扱う必要があります。

　なお、OpenAI は新たなサービスやアップデートに伴い、契約内容を変更する場合があるため、最新の情報を入手するためには公式の発表や通知を追う必要があります。

------------ End ----------------

　また、ChatGPT の学習データは 2021 年 9 月までの情報しか含まれておらず、最新の情報は反映されていません。しかし、Web ブラウジング機能を ON にすることで、最新の情報を回答に含めることができます。また、回答時に使用した URL なども確認することができます。2023 年 5 月、OpenAI は有料版の「ChatGPT Plus」ユーザー向けに、Web ブラウジング機能とサードパーティプラグインをベータ版として提供開始しました。これにより、従来の GPT では新しい情報の収集が制限されるという課題が解消され、新しい情報を取り込むことが可能となりました。

　Web ブラウジングは、ChatGPT のチャット会話で最新の情報を回答に取り入れる仕組みです。特に、最近のトピックや出来事に関連した質問への回答に焦点を当てています。検索エンジンを用いて、現在のインターネット情報を調査することができます。

4.　ChatGPT と他システムとの接続方法

　ChatGPT と他システムとの接続や自社専用に使う方法として、いくつかの方法がありますので、その接続方法を解説します。

1）API 統合：

　会社は ChatGPT の API を利用し、自社のシステムやアプリケーションに ChatGPT を統合することができます。API を使用することで、会社独自のユーザーインターフェースやプロセスと ChatGPT を連携させることができます。

2）カスタム開発：

　会社は ChatGPT のモデルを利用して、自社のオンサイトに独自の AI ベースのシステムやツールを開発することができます。カスタム開発では、会社の特定のニーズや要件に合わせて、ChatGPT をカスタマイズし、最適化することができます。

3）プラグイン接続：

　プラグインとは、ChatGPT をサードパーティアプリケーションに接続することができる機能です。これにより、開発者が定義した API と ChatGPT が対話できるようになり、ChatGPT の機能が強化され、幅広いアクションを実行できるようになります。具体的には、以下のようなことがプラグインを通じて可能となります。

　①リアルタイム情報の取得：スポーツのスコア、株価、最新ニュースなどのリアルタイム情報を取得できます。

　②ナレッジベース情報の取得：会社のドキュメントや個人的なメモなどのナレッジベース情報にアクセスできます。

　③ユーザーのアクションの支援：航空券の予約や食べ物の注文など、ユーザーのアクションをサポートすることができます。

　また、今後 ChatGPT Plus ユーザーであれば、プラグインを使った API 機能をベータ版として利用することができます。70 以上のサードパーティプラグインが提供される予定です。

4）Fine-tuning 機能：

　フェインチューニング機能は、既に学習済みのモデルを新しいデータに合わせて調整することです。メリットは、新しいデータが少なくても、既に学習済みのモデルがあれば、その知識を活用して新しいタスクに対応できます。

5）サードパーティの利用：

　会社はサードパーティが提供する ChatGPT を活用することもできます。これにより、会社は自社の業務やサービスに適した ChatGPT の機能やインターフェースを利用できます。また、サードパーティ製品は通常、APIやプラグインなどの形式で提供されることが多いです。本書では、第4章4節でその事例を紹介しています。

5）クラウドベースのプラットフォーム利用：

　会社はクラウドベースのプラットフォームを利用して、ChatGPT を実装し運用することができます。クラウドベースのプラットフォームは、ChatGPT のホスティングや管理を容易にし、スケーラビリティやセキュリティの面でも利点を提供します。

第5節　Bard の使い方と特徴

　Bard は、Google AI の大規模言語モデルです。使用しているモデルは、Pathways Language Model（PaLM）を使用しています。PaLM は、テキストとコードのデータセットでトレーニングされており、テキストの生成、言語の翻訳、さまざまな種類のクリエイティブコンテンツの作成、質問への回答を行うことができます。

　PaLM は、大規模な言語モデル（LLM）と言われます。LLM は、人間が書いたテキストと見分けがつかないテキストを生成したり、幅広い種類のクリエイティブコンテンツを作成したり、質問に包括的かつ有益な方法で答えたりすることができます。

　下記は、Bard の画面です。Google 検索から Bard ログインで入れます。

　Bard を使ってみましたが、文章もしっかりしており、Bard に情報収集についてと言わせてみると下記の回答がきました。

「Bard は、Google が Web から収集したテキストとコードの大規模なデータセットでトレーニングされています。このデータセットには、本、記事、ウェブサイト、コードなど、テキストのあらゆる種類が含まれています。 Bard は、このデータセットを使用して、言語を理解し、生成し、さまざまな種類のクリエイティブコンテンツを書く方法を学びます。Bard は常に学習と改善を行っているため、使用するデータは常に更新されています。」ここで重要なのは、**Bard は、ChatGPT と異なり、「Bard は常に学習と改善を行っているため、使用するデータは常に更新されています。」**と言っていることです。これが本当なら、大変便利です。

　そこで、私は、事実を確認するために、実験をしてみました。実験をしたのは、2023 年 5 月 22 日です。

質問：2023 年 5 月 20 日に、日本の広島で G7 サミットが開催され
　　　ましたが、どこの国のトップが訪問しましたか？

---------- 　回答　 ------------
回答：2023 年 5 月 19 日から 21 日まで、日本の広島で G7 サミッ
　　　トが開催されました。サミットには、次の主要国の首脳が出席
　　　しました。
　　　・日本の岸田文雄首相
　　　・英国のリシ・スナック首相
　　　・米国のジョー・バイデン大統領
　　　・カナダのジャスティン・トルドー首相
　　　・フランスのエマニュエル・マクロン大統領
　　　・ドイツのオラフ・ショルツ首相
　　　・イタリアのメローニ首相
　　サミットの議題には、気候変動、ウクライナ戦争、パンデミックの
　　対応など、世界で最も差し迫った問題が含まれていました -。
------------ 　End 　----------------

　　この内容は、問い合わせた日が、2023 年 5 月 22 日なので、2 日前の
新しい情報であり、Bard が新しい情報を取り込んでいると思われます。
もう少し聞いてみました。

---------- プロンプト ----------
質問：2023 年 5 月 19 日から 21 日までの日本の広島で G7 サミッ
　　　トで、何が決まったでしょうか？

---------- 　回答　 ------------
回答：2023 年 5 月 19 日から 21 日まで、日本の広島で G7 サミッ
　　　トが開催されました。 G7 サミットでは、気候変動、ウクライ
　　　ナ戦争、パンデミックの対応など、世界で最も差し迫った問題

について話し合われ、いくつかの合意が採択されました。 気候変動：G7 は、2030 年までに温室効果ガス排出量を 50% 削減し、ネットゼロ排出量を 2050 年までに達成するという野心的な目標を設定しました。彼らはまた、気候変動の影響に最も脆弱な国々に財政支援を提供することを約束しました。

ウクライナ戦争：G7 は、ロシアによるウクライナ侵攻を非難し、ロシアに制裁を科すことに合意した。彼らはまた、ウクライナ政府と国民に人道的および経済的支援を提供することを約束しました。

パンデミックの対応：G7 は、パンデミックの対応を強化し、パンデミックに備えるための新しい国際枠組みを確立することを約束した。彼らはまた、ワクチンと治療法へのすべての人のアクセスを改善することを約束しました。

G7 サミットは、世界で最も差し迫った問題について話し合うための重要な機会でした。 G7 は、気候変動、ウクライナ戦争、パンデミックの対応など、いくつかの重要な合意に達しました。

------------- 　End 　----------------

以上の回答から、**Bard** は、前日の新しい情報もデータベースに取り込んで回答できることが、証明されました。これは、**ChatGPT** よりも優れている点だと思われます。

次に、生成 AI の Chat-GPT と Bard の情報収集の時期について図にまとめてみました。

ChatGPT は、データ収集時点の 2021 年 9 月以降は、データを収集しておらず、Bard は、新しい情報も収集していることが、大きな相違点です。

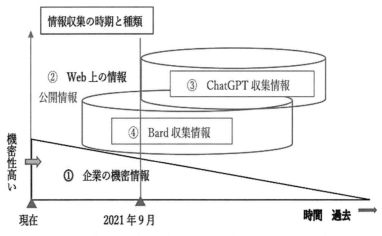

図 1-7　生成 AI の情報収集時期の比較（Bard vs ChatGPT）

　上記の図は、情報の種類と収集する時期を示しています。

　企業の情報は、①機密情報と公開情報に分かれる。③ ChatGPT は、2021 年 9 月までの企業機密情報以外の Web 上にある情報を収集し、それ以後の情報は、② Web 検索をして収集する。④ Google Bard は、現在に近い情報も Google 検索よりデータを取集して、データベースに新しい情報を保存します。これらの詳しい内容は、後述します（各社の収集情報は、進歩しており、随時変更の可能性があります）。

＜用語解説＞

Pathways Language Model（PaLM）

　PaLM は、テキストとコードの大規模なデータセットでトレーニングされた大規模な言語モデル（LLM）です。LLM は、人間が書いたテキストと見分けがつかないテキストを生成したり、幅広い種類のクリエイティブコンテンツを作成したり、質問に包括的かつ有益な方法で答えたりすることができます。

＜ GPT で使用する用語＞

　OpenAI の製品や AI は、基本的に次の 3 つ要素から出来ています。それは、プロンプト、トークン、モデルです。それぞれを簡単に説明します。

1）プロンプト

　AI プロンプトは、利用者が生成 AI に対して、あらかじめ定められたフォーマットで質問することにより、AI が目的に沿った出力を生成する技術です。プロンプトはユーザーが AI に対して行う「入力」とも言えます。基本的に英語（2 行程度のプログラム）です。「プロンプト」とは ChatGPT や BingAI に与える質問や指示のこと。

2）トークン

「トークン」とは、AI が理解する最小の単位です。認識 AI のモデルは、テキストをトークンに分解して理解して処理します。トークンは単語または単なる文字の塊です。たとえば、「ハンバーガー」という単語は「ハム」、「バー」、「ゲル」というトークンに分割されますが、「洋ナシ」のような短く一般的な単語は単一のトークンです。多くのトークンは、「hello」や「こんにちは」などの挨拶で始めることもできます。

　特定の API リクエストで処理されるトークンの数は、入力と出力の両方の長さによって異なります。大まかな経験則として、1 トークンは英語テキストの場合約 4 文字または 0.75 ワードです。留意すべき制限の 1 つは、テキスト プロンプトと生成される補完を組み合わせたものがモデルの最大コンテキスト長（ほとんどのモデルでは 2048 トークン、つまり約 1500 ワード）を限度にしています。

3）モデル

　AI モデルとは、コンピュータに入力されたデータを、統計データなどを解析したり、自律的に行うことで学習し、得られた結果を出力する仕組みのことです。

　API は、さまざまな機能と価格帯を持つ一連のモデルを利用しています。GPT-4 は、当社の最新かつ最も強力なモデルです。GPT-3.5-Turbo は、ChatGPT を強化するモデルであり、会話形式用に最適化されています。これらのモデルとその他の提供内容の詳細については、モデルのドキュメントを参照してください。

　参考文献（7）：OpenAI HP, https://openai.com/

　参考文献（8）：OpenAI「GPT-4 テクニカルレポート」2023/ 3（バージョン v3）

＜第 1 章　参考文献＞

文献（1）：[論文：Attention Is All You Need, Ashish Vaswani etc.,
　　　　　　NIPS 2017]

文献（2）：エボラ二株式会社　https://anybot.me/#demo

文献（3）：すえつぐの NLP&G　https://nlpillustration.tech/?p=2171

文献（4）：エボラ二株式会社　https://anybot.me/#demo

文献（5）：Qiyyta@omitte　https://qiita.com/omiita
　　　　　　https://qiita.com/omiita/items/c355bc4c26eca2817324

文献（6）：NRI 用語解説
　　　　　　https://www.nri.com/jp/knowledge/glossary

文献（7）：OpenAIHP,　https://openai.com/

文献（8）：OpenAI「GPT-4 テクニカルレポート」2023/ 3（V.3）

第2章
生成 AI による仕事の変化と業務改革の方針

　この章では、生成 AI の活用で、どのような業務効率化ができるかを考えてみます。そのためには、現状の日本の状況を確認した上で、生成 AI の活用による業務効率化を考えます。

1. 米国での生成 AI による効果

　生成 AI の自然言語処理で先行している米国において、ChatGPT の活用は、進んでおり、MIT の研究者が自ら ChatGPT を使って各種書類（論文も含む）の作成に使用した結果、情報収集や資料作成の仕事の効率は、37％向上し、質も 20％ UP したという結果が報告されています。その主な理由としては、利用者が情報収集や調査活動を行う作業が効率的に情報収集できたことによることが、図2－1に示しています。

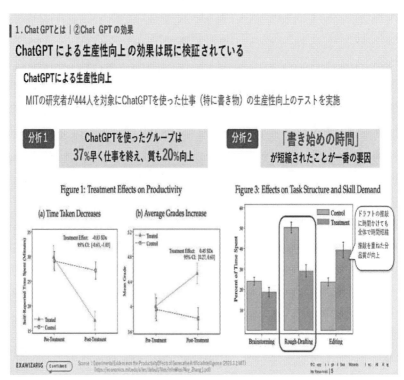

図 2-1　米国の ChatGPT 活用の状況

参考文献（2-1）：㈱エクサウイザーズ「exaBase 生成 AI 説明資料」より引用

　ChatGPT や Bard のような自然言語系の生成 AI を業務に使う場合、現行の日本企業の情報システム化の状況を把握して、現行システムがカバーしていない領域や不足している部分を生成 AI で補うということが、生成 AI の活用の第一歩と考えます。そこでまず、第 1 節では、日本の生産性比較や DX 化の現状を整理します。その上で、第 2 節で生成 AI による業務効率化を検討します。

第 1 節　日本の状況

　この節では、日本企業の生産性が低いということを言われて久しいので

すが、日本の情報システム化や AI 活用の状況を確認して、一向に改善しない現状と問題点を考えます。

　1 人あたりの労働生産性を計算する場合は、「生産量÷労働者数」という式で表されます。OECD データに基づく 2021 年の日本の時間当たり労働生産性（就業 1 時間当たり付加価値）は、49.9 ドル（5,006 円／購買力平価（PPP）換算）。米国（85.0 ドル／ 8,534 円）の 6 割弱に相当し、OECD 加盟 38 カ国中 27 位でした。

　労働生産性 = GDP（付加価値）÷ 就業者数（または就業者数 × 労働時間）として計測を行っています。労働生産性の計測に必要な各種データは OECD が公表する統計データを中心に、各国統計局のデータも補完的に用いています。また、各国のデータが随時改定されることから、労働生産性についても、1970 年以降全てのデータを過去に遡及して再計算しています。上述の定義式から計測した 2021 年の日本の就業者 1 人当たり労働生産性は、81,510 ドル（818 万円）でした。これは、OECD 加盟 38 カ国の中で 29 位にあたります。二つの方法から結果は、日本の生産性を国際比較すると 27 位と 29 位で、とても先進国と言えない状況です。こうした我が国の生産性の大幅な向上が求められる中でも、とりわけ、大企業と比較して低水準にある、中・小規模事業者の労働生産性の向上が課題です。こうした中で、中小企業の AI 活用による業務効率化とさらに業務改革が求められています。

	1970年	1980年	1990年	2000年	2010年	2021年
1	スイス	スイス	ルクセンブルク	ルクセンブルク	ルクセンブルク	アイルランド
2	ルクセンブルク	ルクセンブルク	ドイツ	ノルウェー	ノルウェー	ルクセンブルク
3	米国	オランダ	オランダ	ベルギー	米国	ノルウェー
4	スウェーデン	スウェーデン	ベルギー	オランダ	アイルランド	デンマーク
5	カナダ	米国	スイス	スウェーデン	ベルギー	ベルギー
6	オランダ	ベルギー	米国	米国	デンマーク	スウェーデン
7	オーストラリア	ドイツ	スウェーデン	フランス	スウェーデン	米国
8	ベルギー	アイスランド	フランス	スイス	オランダ	スイス
9	イタリア	カナダ	ノルウェー	ドイツ	スイス	ドイツ
10	デンマーク	イタリア	イタリア	デンマーク	フランス	オーストリア
-	日本（18位）	日本（20位）	日本（20位）	日本（21位）	日本（20位）	日本（27位）

表 2-1 生産性の国別比較推移 労働生産性を
※ GDP：購買力平価（PPP）によりドル換算

参考文献（2-2）：引用 経済産業省による 2022 年「世界各国と比較した我が国の生産性の状況」
https://www.meti.go.jp/report/tsuhaku2013/2013honbun_p/pdf/2013_01-01-03.pdf

　経済産業省による 2022 年の調査によれば、中小企業が AI を導入することで 2025 年までに約 11 兆円の経済効果が見込まれています。この数字は、ChatGPT や同様の製品が注目を浴び、利用される前のものです。ChatGPT や類似の製品の活用により、その効果は 20 兆円を超える可能性があります。中小企業だけでなく、大企業や個人にとっても大きな効果が期待されており、それによって人手不足の解消や技術継承など、中小企業が直面している課題に対する有効な解決策となることが考えられます。現実のところ、2022 年現在の企業における AI の導入率は 3％と依然として低い状況です。

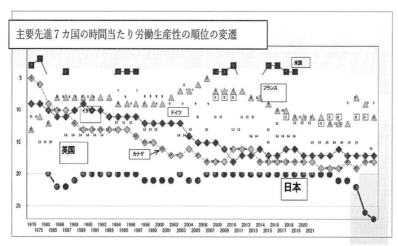

図 2-2　国別労働生産性の比較

参考文献（2-3）：

　2022 年 12 月 12 日時点で OECD 等が公表していたデータに基づいて日本生産性本部作成。

　日本の GDP は、内閣府が 12 月 8 日公表の年次推計を反映した OECD. Stat データを利用。1991 年以前のドイツは西ドイツを指すことに留意し

てください。

　本書は、こうした低い AI や生成 AI の普及を進める上で、まず、現状の認識から始め、AI や生成 AI に関する理解を進めて頂くための解説を行います。

　現状の認識を行う上で、AI に関連した資料や出版物が経済産業省や総務省及び関連組織から発行されています。

1. 日本の DX 化の現状
1）デジタル庁の取り組み

　日本政府が設立したデジタル庁は、日本のデジタル社会実現の司令塔として、国民の幸福を優先し、国や地方公共団体、民間事業者などの関係者と連携して社会全体のデジタル化を推進することを目的としています。重点計画として、以下の取り組みが挙げられています。

・デジタル庁が司令塔として取り組みを牽引する
・政府全体の推進体制を強化する
・デジタル・規制・行政を一体的に改革する
・地方公共団体や民間事業者との連携・協力を推進する
・重点計画は継続的にバージョンアップする

（参考文献（2-4）：デジタル庁 HP https://www.digital.go.jp/policies/
priority-policy-program/）

　次に、経済産業省は DX（デジタルトランスフォーメーション）に取り組んでいます。DX は「デジタルによる変革」や「デジタルによる改革」という意味です。経済産業省の下部組織である IPA（情報処理推進機構）が「DX 白書 2023」や「DX レポート 2.2 概要」を出版しており、2018年には DX レポートを発行して将来の成長と競争力強化のために新たなデジタル技術を活用し、ビジネスモデルを柔軟に改変することを目指しました。

DXの推進に向けた対応策について

「2025年の崖」、「DX実現シナリオ」をユーザ企業・ベンダー企業等産業界全体で共有し、政府における環境整備を含め、諸課題に対応しつつ、DXシナリオを実現。

DXを実行する上での現状と課題	対応策

左側：DXを実行する上での現状と課題

既存システムのブラックボックス状態を解消できない場合
① データを活用しきれず、DXを実現できず
② 今後、維持管理費が高騰し、技術的負債が増大
③ 保守運用者の不足等で、セキュリティリスク等が高まる

DXを本格的に展開するため、DXの基盤となる、変化に追従できるITシステムとすべく、既存システムの刷新が必要

しかしながら

A) 既存システムの問題点を把握し、いかに克服していくか、経営層が描き切れていないおそれ

B) 既存システム刷新に際し、各関係者が果たすべき役割を担えていないおそれ
・経営トップ自らの強いコミットがない（→現場の抵抗を抑えられない）
・情報システム部門がベンダーの提案を鵜呑みにしがち
・事業部門はオーナーシップをとらず、できたものに不満を言う

C) 既存システムの刷新は、長期間にわたり、大きなコストがかかり、経営者にとってはリスクもあり

D) ユーザ企業とベンダー企業の新たな関係の構築が必要
・ベンダー企業に丸投げとなり、責任はベンダー企業が負うケースが多い
・要件定義が不明確で、契約上のトラブルにもなりやすい
・DXの取組を経て、ユーザ企業、ベンダー企業のあるべき姿が変化
・アジャイル開発等、これまでの契約モデルで対応しきれないものあり

E) DX人材の不足
・ユーザ企業で、ITで何ができるかを理解できる人材等が不足
・ベンダー企業でも、既存システムの維持・保守に人員・資金が割かれ、クラウド上のアプリ開発等の競争領域にシフトしきれていない

右側：対応策

1 「見える化」指標、中立的な診断スキームの構築
経営者自らが、ITシステムの現状と問題点を把握し、適切にガバナンスできるよう、
・「見える化」指標の策定
 －技術的負債の度合い、データ活用のしやすさ等の情報資産の現状
 －既存システム刷新のための体制や実行プロセスの現状
・中立的で簡易な診断スキームの構築

2 「DX推進システムガイドライン」の策定
・既存システムの刷新や新たなデジタル技術を活用するに当たっての「体制（のあり方）」、「実行プロセス」等を提示
・経営者、取締役会、株主等のチェック・リストとして活用
 → コーポレートガバナンスのガイダンスや「攻めのIT経営銘柄」とも連動

3 DX実現に向けたITシステム構築におけるコスト・リスク低減のための対応策
・刷新後のシステムが実現すべきゴールイメージ（変化に迅速に追従できるシステムに）の共有（ガイドラインでチェック）
・不要なシステムは廃棄し、刷新前に軽量化（ガイドラインでチェック）
・刷新におけるマイクロサービス等の活用を実証（細分化により大規模・長期に伴うリスクを回避）
・協調領域における共通プラットフォームの構築（割り勘効果）（実証）
・コネクテッド・インダストリーズ税制（2020年度まで）

4 ユーザ企業・ベンダー企業間の新たな関係
・システム再構築やアジャイル開発に適した契約ガイドラインの見直し
・技術研究組合の活用検討（アプリケーション提供型の活用など）
・モデル契約にトラブル後の対応としてADRの活用を促進

5 DX人材の育成・確保
・既存システムの維持・保守業務から解放し、DX分野に人材シフト
・アジャイル開発の実践による事業部門人材のIT人材化
・スキル標準、講座認定制度による人材育成

図2-3 DX推進の対応策

参考文献（2-5）：

経済産業省が2018年に公開した「DXレポート」より抜粋

2）「DX推進システムガイドライン」による推進

　経済産業省は「DX推進システムガイドライン」を作成し、既存システムの刷新や新たなデジタル技術の活用において、体制や実行プロセスなどを提示しました。このガイドラインは経営者や取締役会、株主などがチェッ

クリストとして活用することを目的としており、コーポレートガバナンスや「攻めの IT 経営銘柄」とも連動しています。

①「見える化」指標、中立的な診断スキームの構築
　　経営者自らが、IT システムの現状と問題点を把握し、適切にガバナンスできるようするには、
　　・「見える化」指標の策定
　　－技術的負債の度合い、データ活用のしやすさ等の情報資産の現状
　　－既存システム刷新のための体制や実行プロセスの現状

② DX 実現に向けた IT システム構築におけるコスト・リスク低減のための対応策
　・刷新後のシステムが実現すべきゴールイメージ（変化に迅速に追従できるシステムに）の共有（ガイドラインでチェック）
　・不要なシステムは廃棄し、刷新前に軽量化（ガイドラインでチェック）
　・刷新におけるマイクロサービス等の活用を実証（細分化により大規模・長期に伴うリスクを回避）
　・協調領域における共通プラットフォームの構築（割り勘効果）（実証）

③ユーザ企業・ベンダー企業間の新たな関係
　・システム再構築やアジャイル開発に適した契約ガイドラインの見直し
　・技術研究組合の活用検討（アプリケーション提供型への活用など）
　・モデル契約にトラブル後の対応として ADR の活用を促進

④ DX 人材の育成・確保
　・既存システムの維持・保守業務から解放し、DX 分野に人材シフト
　・アジャイル開発の実践による事業部門人材の IT 人材化
　・スキル標準、講座認定制度による人材育成

　下記の図は、DX 推進のための経営者の在り方と IT システム構築の体制とプロセスを書いています。

図 2-4　DX 推進の仕組みと体制

参考文献（2-6）：DX 推進システムガイドラインより引用
https://www.meti.go.jp/shingikai/mono_info_service/covid-19_dgc/
pdf/002_05_00.pdf

3) AI の導入状況

　DX レポート 2.2 によれば、日本における AI の利活用状況についての
データがあります。日本の AI 導入率は「全社で導入しています」と「一
部の部署で導入しています」の合計で 22.2%であり、米国の 40.4%と比
べて差が大きいことが明らかになりました（2021 年度調査と同様）。日
本では AI の導入に関していくつかの課題があります。「自社内で AI への
理解が不足しています」とか「AI 人材が不足しています」といった要因
が導入を進められない理由として挙げられます。

　AI の導入目的において、日本と米国では差があります。米国では「集客効果の向上」「新製品の創出」「新サービスの創出」といった顧客価値の向上に関連する項目が上位 3 位に入っています。一方、日本では「生産性向上」「ヒューマンエラーの低減、撲滅」「品質向上」といった業務改善に関連する項目が上位 3 位に入っています。今後は、日本でも AI の取り組みを業務改善から顧客価値の向上などデジタルトランスフォーメーションに段階的に発展させていく必要があります。

（参考文献 (2-5)：経済産業省が 2018 年に公開した「DX レポート」より抜粋）

　以上の情報から、日本における AI の利用率は 22 ％ であり、米国の40.4%と比べて差が大きいことが分かります（2021 年度調査との比較）。また、日本の企業も米国企業のように「集客効果の向上」「新製品の創出」「新サービスの創出」といった項目に発展させる必要があります。

第 2 節　生成 AI で変わる仕事のやり方

　この本の狙いと目的として「生成 AI で業務効率化を図ること」と書きましたが、その具体的な例をこの節でご説明したいと思います。前節では、日本の生産性が良くないことを確認しましたので、本節では、日本企業の業務アプリケーションを考えながら、その不足部分や業務効率化に生成 AI の活用がどのように活用できるかを検討します。

1. 日本企業の業務アプリケーションについて

　近年、DX（デジタルトランスフォーメーション）という言葉が使われる前から、多くの企業が 50 年前からコンピュータを導入し、大型コンピュータやオンラインシステムを基幹システムとして使用してきました。それにもかかわらず、なぜ日本の生産性や業務効率化が低いのでしょうか？

　いくつかの原因が考えられます。

・仕事の進め方に問題がある（変化に対応できない）

・利益が出ない構造になっている

・価格が安く、利益が出ないため賃金も低い
・円安でドルベースに換算すると国際比較の統計値が悪く表示される
・必要な情報がタイムリーに伝わらず、情報（データ）が統合されていない

　など、さまざまな理由が考えられます。多くの皆様がこれらの課題に対処したいと考える中、生成 AI の活用は期待できると考えます。まず第一歩として、現行の情報システムの隙間を埋めることで、業務の効率化が進むのではないでしょうか？つまり、現行システムでは、システム化されておらず、人による作業が行われている業務を対象とすることです。具体的な手順として、業務システムの確認から始めます。業種や会社によって企業アプリケーションは異なりますが、幅広い業務を行っている会社を対象に、業務システムを調査し、生成 AI の活用によって業務の効率化が可能な領域を見つけたいと考えます。生成 AI ができる仕事について説明し、業務効率化と現在人手不足が深刻化している対応策として、生成 AI を活用できる業務を紹介します。

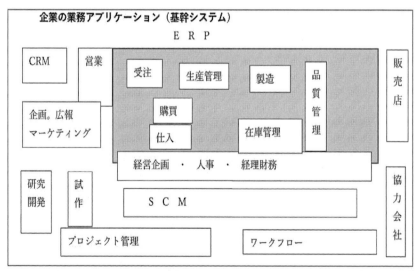

図 2-5　業務アプリケーションシステムの例

　この図は、幅広い業務を行っている会社の業務アプリケーションシステムを表しています。本来であれば関係を矢印などで結ぶべきですが、複雑

になり、見にくくなるので省略しました。また、情報・コミュニケーションのシステムについても触れていません。

この図の業務アプリケーションの説明を箇条書きでまとめます。

① ERP（Enterprise Resource Planning,）エンタープライズリソースプランニング：企業の中核的な業務プロセスを統合管理するアプリケーション。財務、人事、製造、在庫管理などの機能を統合し、情報の一元化と業務効率化を図ります。

② CRM（Customer Relationship Management,）カスタマーリレーションシップマネジメント：顧客データの管理や顧客との関係構築を支援するアプリケーション。営業活動やマーケティング、カスタマーサポートなどを補助します。

③サプライチェーンマネジメント（Supply Chain Management, SCM）：物流やサプライヤーとの連携などを最適化するアプリケーション。生産計画、在庫管理、輸送管理などを効率化し、サプライチェーン全体の可視化と効果的なリソース配分を実現します。

④人事管理システム（Human Resources Management System, HRMS）：人事業務や従業員データの管理を支援するアプリケーション。給与計算、タイムトラッキング、従業員の勤怠管理、人材採用などの機能を提供します。

⑤会計・財務システム（Finance and Accounting System）：企業の財務管理や会計業務を支援するアプリケーション。会計帳票作成、財務分析、予算管理などの機能を提供します。

⑥販売・在庫管理システム（Sales and Inventory Management System）：商品の販売活動や在庫管理をサポートするアプリケーション。注文処理、在庫管理、販売分析などの機能があります。

⑧プロジェクト管理システム（Project Management System）：プロジェ

クトの計画、進捗管理、リソース割り当てなどを管理するアプリケーション。タスク管理、チームコラボレーション、タイムトラッキングなどの機能があります。

⑨ワークフロー管理システム（Workflow Management System）：業務プロセスの自動化や効率化をサポートするアプリケーション。業務フローの定義、タスクの割り当て、承認プロセスなどを管理します。

⑩研究開発（Research and Development, R&D）の情報システム：研究開発活動をサポートするために設計されたシステムです。これらのシステムは、研究者やエンジニアが情報の収集、共有、分析、管理を効率的に行うことを可能にします。知識管理：研究開発の情報システムは、知識の蓄積と共有を支援します。これには、文献データベース、内部のノウハウやベストプラクティスの共有、専門知識のデータベース化などが含まれます。

この他に、技術情報管理システム（Technical Information Management System）を持っている会社もあります。技術情報管理システムは、研究開発における技術情報の収集、分析、整理、共有を支援するシステムです。特許情報、学術論文、市場調査、競合情報や製造物のバージョン管理などの技術情報の収集と分析に焦点を当てています。

これらは業務アプリケーションの例ですが、実際の企業には独自のニーズや要件に合わせてカスタマイズされたアプリケーションも存在します。

図2－5に示した業務アプリケーションは、それぞれの部門で主に使用される基幹システムと言われ、会社の主な仕事をカバーする役割があります。生成AIの活用を検討するには、この業務ごと及び業務システムでカバーできない仕事に焦点を当てることが必要です。又は、基幹システムへの入力データや出力データの加工にも生成AIの活用が考えられます。また、部門に関係なく社員の多くが使用する業務の効率化にも生成AIが使える種類もあると思われます。

2. 生成 AI が活用できる仕事

　生成 AI を活用して、業務の効率化を図り、人手不足の解消をするには、業務分析を行い、業務を可視化して、どの仕事を AI 化するかを具体的にしてきます。この分野は、先進企業でも、現時点では試行状態であり、今後、どこまでの範囲で有効かが分かってくると思われます。

　本著では、主に、事務作業を中心に検討していきます。主に中堅企業や中小企業での仕事を分類して、その作業で生成 AI が使える部分を紹介します。また、第 6 章には、システム開発とプログラミング事例及ぶ AI ツールの紹介をしています。この章では、業務システムが存在する前提で、それを補う生成 AI の活用を中心に書いています。

　会社の業務を分類すると、営業（販売）、経理、経営企画管理、購買、製造、在庫管理、物流、研究開発、宣伝広報などに分類できます。この中から、直ぐに生成 AI を使って業務効率化が図れる作業を幾つか具体的に示してみます。この他にも多方面で生成 AI 及び AI の活用が考えられます。以下に業務フローと業務別の生成 AI の活用例を示します。

　実際に使用例を示して、その入力（プロンプト）に対する出力結果（アウトプット）を著者が評価して、＜**評価、満足度、作業時間の項目**＞に分けて記述します。評価は、プロンプト入力から出力までの時間や内容で感じたことを書きます。満足度は、著者が期待した内容とその結果を点数で示した個人的感想です。作業時間は、プロンプト入力時間から出力時間までの時間を示します。

　ここからは、ChatGPT を使って 企業の 5 つの部門の事例と部門を問わず共通する事例 1 つを合わせて 6 つの事例を説明します。

1）営業・販売部門での業務と生成 AI の活用

　まず、営業・販売部門でのシンプルな業務フローを示します。ここでは、営業（販売）として、商品やサービスの販売や顧客との関係構築を担当し、営業戦略の策定、営業活動の実施、契約の交渉などが含まれますが、この中での生成 AI の活用例を示します。

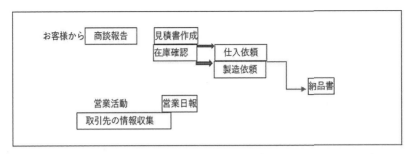

図2-6　営業・販売部門の主なプロセスフロー

　この中での生成 AI の活用例を示します。ChatGPT（GPT-3.5 のモデル）と Bard を使っています。上記フローから商談報告と見積書作成及び営業日報を生成 AI で作成してみます。

（1）商談報告の作成

　商談報告書を作る手順として、ChatGPT に下記のプロンプトを書き込みました。注）プロンプトとは、生成 AI に指示する質問や命令の言葉を指します。つまり、こちらから送る依頼文章のことです。

　商談報告を作成してもらう下記のプロンプトを送りました。

　---------- プロンプト ----------

　商談報告を作成してください。わが社では、A 製品があり、オプションとして　a,b,c があります。お客さんは、新東都商事　伊藤課長さんで 7 月 3 日に A 製品の説明を聞きたいそうです。わが社の担当は、鈴木営業員です。上司は、田中課長さんです。

　------------- End ----------------

　その結果、回答は、以下の通りです。

　----------　回答　-----------

【商談報告】

　日付：2023 年 7 月 3 日 商談先：新東都商事株式会社商談内容：

　本日、新東都商事株式会社を訪問し、弊社の A 製品に関する商談を行いました。商談の詳細は以下の通りです。

　商談概要：

　商談日時：2023 年 7 月 3 日

　商談場所：新東都商事株式会社本社弊社担当者：鈴木営業員

　顧客担当者：伊藤課長様（新東都商事株式会社）商談目的：A 製品の説明とオプションに関する提案

　製品説明：A 製品は、当社の主力製品であり、高品質と信頼性を備えています。機能や特徴、利点について詳細に説明しました。

　オプション提案：オプションとして、a, b, c の 3 つの選択肢を提示し、それぞれの利点や価格についても説明しました。

　結果と対応：新東都商事様は A 製品に関心を示し、特にオプション b に関心が高いとのことでした。弊社担当者である鈴木営業員が、追加の資料や詳細な見積もりを提供することを約束しました。顧客の要望に基づいて、田中課長に報告し、追加の対応策を検討することとしました。

　次のステップ：

　鈴木営業員は、新東都商事様への資料の提供と追加の商談日程の調整を行います。

　弊社内で、顧客の要望と追加の対応策について田中課長と協議し、迅速な対応を行います。

　備考：

　商談は円滑に進行し、新東都商事様からの反応は好意的でした。弊社と新東都商事様の関係強化に向けた今後の商談に期待が高まっています。

　以上が商談報告の例です。報告書には商談の日時、場所、参加者、商談の詳細、結果と対応、次のステップなどが含まれると良いでしょう。特定の要件やフォーマットがある場合は、それに合わせて内容を調整してください。

　------------　End　----------------

＜評価＞

上記は、10 秒ほどで回答を書き始め、30 秒ほどで完成しました。プロンプトは、3 行だけなので、少ない情報からこの様な報告がよく書けるなという感想です。逆に文章が長い感じがします。

＜満足度：85 点＞

満足度は、著者の期待に対するアウトプットの評価です。

＜作業時間＞

インプットのプロンプト作成 2 分 回答の修正に 5 分 出力待ち 1 分で合計 8 分です。

この様に、短時間で商談報告書ができたことになります。これをパターン化して、書いて欲しい項目をプロンプトに入れると、求める報告書に近くなり、慣れてくると相当の業務効率化になるのではないでしょうか？

(2) 見積書作成

次に商談などでの見積作成を行いました。自社の情報やお客様の情報をプロンプトに入力して回答を待ちました。もし、情報の機密性やセキュリティ上の問題がある場合は、数値や名称を変更するか、入力しない方法も考えられます。

---------- プロンプト ----------

商談先：新東都商事株式会社への見積の作成をお願いします。弊社の A 製品（定価 58 万円 税別）とオプション a（86000 円）b（77000 円）c（69000 円）いずれも税別です。設置費用が 88000 円かかります。税別です。見積日は、7 月 3 日で 見積有効期限は、7 月末日 営業担当者は、鈴木営業員 です。

------------- End ----------------

このプロンプトは、オプションの情報が足りなかったので、私が、下記を追加しました。

---------- プロンプト ----------

　修正をお願いします。新東都商事株式会社様は、オプション b を注文され、設置も依頼が来ています。

------------ End ---------------

その結果の回答が以下のとおりです。

---------- 回答 ------------

【見積書】日付：2023 年 7 月 3 日
見積先：
新東都商事株式会社

〒 [郵便番号] [住所] 担当者：[担当者氏名]

お客様番号：[お客様番号] 見積番号：[見積番号]

件名：A 製品販売見積

項目	数量	単価	金額
A 製品	1	580,000	580,000
オプション b	1	77,000	77,000
設置費用	1	88,000	88,000
小計		745,000	
消費税（10%）		74,500	
合計		819,500	備考：

価格は税別表示です。
見積有効期限：2023 年 7 月末日支払条件：[支払条件]
営業担当者：鈴木営業員

------------ End ---------------

以上が修正済みの見積の例です。見積書には、見積日付、見積先の情報、

項目ごとの数量と単価、小計、消費税、合計などが含まれます。オプションｂの注文と設置費用の依頼を反映しています。有効期限や営業担当者の情報も重要です。具体的な要件やフォーマットに基づいて、見積書を最終的に作成してください。

＜評価＞

　上記の回答でお客様に"様"が付いていないのは、まずいですが、住所情報を入っていないのは、私が、インプットしていないからです。今回は、EXCEL や Word との連携をしていないので、シンプルな表示になっています。見積書は、会社ごとにフォーマットがあることが多いようですので、そこにこの情報をコピー＆ペーストで入力することになるかと思います。

＜満足度：80点＞
＜作業時間＞

　1回目のプロンプト 5 分　2 回目 2 分、回答のアウトプット 1 回目 5 分、2 回目 4 分　合計 16 分でした。人が確認と修正をする時間 5 分を見込んでも 21 分になります。

（3）営業日報（営業週報）

　営業マンの方にとっては、この営業日報（営業週報）を作成するのが、苦痛な方も多いのではないでしょうか？　何時にどこに、何をしに行ったかをメモ程度に入力すると営業日報ができると効果的です。次は、ChatGPT に下記のプロンプトを書き込みました。

---------- プロンプト ----------

　令和 5 年 6 月 26 日の営業日報です。私は、鈴木一郎です。営業1 課の社員です。本日は、9 時出社し、営業会議が 10 時まであり、そこで、今週の予定を説明しました。午前中は、今週　訪問する 5 社の担当の人にメールと電話でアポイントの確認をし、必要な資料の用意をしました。午後から 13 時 30 分に神田の A 社訪問し、製品 B の紹介をして、説明会の日程を決めてきました。16 時に B 社を訪問して、B 社の今年の計画をお聞きして、当社の製品の販売チャンス

をヒアリングしてきました。
------------- End ---------------

このプロンプトを送り、帰って来た回答が次のとおりです。

----------- 回答 ------------
【営業日報】
　日付：令和 5 年 6 月 26 日
　報告者：鈴木一郎 所属部署：営業 1 課
【出勤と営業会議】出社時間：9 時
　営業会議：10 時まで内容：今週の予定説明
【顧客連絡】
　5 社の担当者への連絡：
　メールと電話でアポイントの確認必要な資料の用意
【訪問先：A 社】
　訪問時間：午後 13 時 30 分
　製品 B の紹介と説明会の日程の決定
【訪問先：B 社】訪問時間：16 時
　B 社の今年の計画のヒアリング
　当社製品の販売チャンスについて情報収集備考：
　本日の営業活動は、スムーズに進行しました。
　A 社と B 社との関係構築に向けて、積極的なアプローチを行いました。
　次回の営業日報作成まで、引き続き進捗状況や重要な情報を報告します。

　以上が営業日報の例です。日報には出勤時間、営業会議の内容、顧客連絡の結果、訪問先と時間、実施した業務の詳細などが含まれます。報告者の名前と所属部署も明記されています。営業活動の概要を適切にまとめ、報告書のフォーマットに基づいて内容を調整してください。
------------- End ---------------

<評価>

営業日報の体裁になっているのに感心しました。内容的にも、大きな問題はないです。

<作業時間>

1回目のプロンプト5分 回答のアウトプット5分 合計10分でした。

人が確認と修正をする時間5分を見込んでも15分になります。

備考に説明や気を付けるべき点が書いてあるところがいいかと思いますが、これをそのまま日報にコピーするとまずいです。

<満足度：90点>

営業日報は、毎日の作業ですから、月間に直すと大きな効果が期待できます。また、週報をつくるときは、日報情報から作成できます。

特に経験の浅い新人には、とても参考になると思います。

2) 経理・購買部門での業務と生成AIの活用

経理部門は、会社の財務情報の管理や記録、財務報告書の作成、税務申告などを担当します。経理部門は経営陣や他の部門と協力して、予算管理や財務戦略の立案にも関与します。また、購買部門は、会社が必要とする物品やサービスの調達を担当します。仕入先との交渉、契約管理、調達戦略の立案などが行われますが、この中での生成AIの活用例を示します。

図2-7　購買部門と経理部門の仕入・納品・入金プロセス

経理部門は、会計財務ソフトを使用している会社が多いと思いますが、新規の顧客には、生成AIで対応するのも、1つの方法だと思います。請求書発行には、受注書台帳と出荷台帳を突き合わせて請求書発行となる業務処理が基本となります。

購買部門でも、仕入発注書から仕入発注台帳へ記入。仕入先からの請求

書と仕入れ台帳の突き合わせ後、請求書処理（支払手続）のビジネスプロセスとなります。

　次の例は、購買部門での仕入発注書の作成を生成 AI で行ってみます。まず、入力したプロンプトは、以下の通りです。

　---------- プロンプト ----------
　発注書の作成をお願いします。仕入先 特殊鋼材社、発注品：特殊カーボングラファイト 100　1 ケース価格：98,000 円　税別、数量 10 ケース 納期：2023 年 6 月 10 日 納品場所：当社 江戸川金属加工㈱ 市川工場 担当営業 鈴木 です。
　------------- End ----------------

これに対して、ChatGPT の回答は、次のものです。

　----------　回答　------------
【発注書】
日付：[日付]
発注先：特殊鋼材社
〒[郵便番号] [住所] 担当者：[担当者氏名]

発注番号：[発注番号]
¦ 項目 ¦ 数量 ¦ 単価 ¦ 金額 ¦
¦ 特殊カーボングラファイト 100 ¦ 10 ¦ 98,000 ¦ 980,000 ¦
¦ 小計 ¦ ¦ 980,000 ¦
¦ 消費税（10%）¦ ¦ 98,000 ¦
¦ 合計 ¦ ¦ 1,078,000 ¦ 納期：2023 年 6 月 10 日
納品場所：当社 江戸川金属加工㈱ 市川工場 担当営業：鈴木

備考：
価格は税別表示です。支払条件：[支払条件]
以上が発注書の例です。発注書には、発注日付、発注先の情報、発

注品の詳細（数量、単価、金額）、小計、消費税、合計などが含まれます。納期や納品場所、担当営業なども重要な情報です。具体的な要件やフォーマットに基づいて、発注書を作成してください。
------------- End ----------------

＜評価＞

発注書に入力する情報をプロンプトに入力しただけですが、発注書の形式になっています。

＜作業時間＞

1回目のプロンプト5分 回答のアウトプット5分 合計10分でした。

人が確認と修正をする時間5分を見込んでも15分になります。

備考に発注書に記入すべき事項が親切に書いてありました。本来、発注書は、会社でフォーマットが決まっていることが多いので、その元データか、下書きに使うことになるかと思います。

＜満足度：85点＞

3）経営企画部門での業務と生成 AI の活用

次に経営企画部門での生成 AI の活用を考えます。経営企画管理は、企業の長期戦略の策定や経営課題の解決を担当し、市場分析、競合分析、事業計画の策定、業績評価などが含まれますが、この中での生成 AI の活用例を示します。この例では、企画書作成にあたっての情報収集の例です。

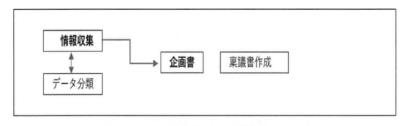

図 2-8　経営企画部門の企画業務のプロセス

企画書を作るには、マーケットの情報収集が必要になります。そこで、この例では、①日傘のメーカーが今年のトレンド（流行）を調査します。

今度は、2023 年も聞いてみたいので、Google Bard に聞いてみました。

---------- プロンプト ----------

　次に今年 2023 年の日傘の色として、流行は何でしょうか？　できれば 2019 年　2020 年　2021 年　2022 年　2023 年の年間の日傘の色の流行や生地などについて教えてください。

Bard の回答は、下記の通りです。回答のレスポンスは、早いです。

---------- 　回答　-----------

　2019 年から 2022 年までの日傘の色の流行は、次のとおりです。

　2019 年：白、黒、ネイビー

　2020 年：白、黒、ネイビー、ベージュ

　2021 年：白、黒、ネイビー、ベージュ、ピンク

　2022 年：白、黒、ネイビー、ベージュ、ピンク、ブルー、グリーン、パープル

　2019 年から 2022 年までの日傘の色の流行は、全体的に明るい色合いが人気でした。しかし、2023 年はシックな色合いが人気になりそうです。

　2023 年の日傘の色の流行は、次のとおりです。

白

黒

ネイビーベージュピンク ブルー　グリーンパープル

　これらの色は、すべて UV カット効果が高く、暑い夏でも快適に使用することができます。また、シックな色合いなので、どんなコーデにも合わせやすいです。

　日傘の生地の流行は、次のとおりです。

ポリエステル

綿麻

レース シフォン

　ポリエステルは、丈夫で扱いやすいので、日傘の生地として人気が

あります。綿は、吸水性と通気性に優れているので、夏におすすめです。麻は、天然素材でナチュラルな風合いが人気です。レースは、華やかで女性らしい雰囲気が人気です。シフォンは、軽くて柔らかい生地で、夏におすすめです。

------------ End ----------------

＜評価＞

3行のプロンプトに対して、日傘の色の流行を5年分答えてくれました。2023年5月までの情報が答えられるのは、Bardの特徴で有効な点です。

＜作業時間＞

プロンプト5分 回答のアウトプット5分 合計10分でした。人が確認と修正をする時間5分を見込んでも15分になります。

＜満足度：80点＞

2023年5月の新しいデータを示したことを評価しています。この回答で問題なのは、2023年の流行の色が、8色も答えていることです。そこで、更に質問を投げてみました。

追加質問のプロンプトを送りました。

---------- プロンプト ----------

2023年の日傘の色の流行は、下記の8つの色が回答でした。

8色では、何が流行か分かりませんので、2色に絞ってもらえますか？ また、その選んだ理由はなんですか？

------------ End ----------------

その回答は、次のとおりでした。

---------- 回答 ------------

2023年の日傘の色の流行は、次の2色です。

白

黒

これらの色は、どちらもUVカット効果が高く、暑い夏でも快適

に使用することができます。また、シックな色合いなので、どんなコーデにも合わせやすいです。

　　------------　End　---------------

　なるほど、という回答ですが、依頼を3色にすべきだったと後で後悔しました。

　情報収集の2つ目の例として②日傘の需要や販売実績を聞いて、企画書を作るデータに使うために、次のプロンプトを作成して質問をしてみました。

　　---------- プロンプト ----------

　日本での日傘の販売実績は、分かりますか？　2019年から2022年までの4年間と2023年の5月まで販売実績は分かりますか？

　　-------------　End　---------------

　回答について、2023年5月までは、無理かと思ったのですが、10秒くらいで回答が来ました。

　　----------　回答　-----------

　日本での日傘の販売実績です。2019年から2022年までの4年間と2023年の5月までの販売実績は、次のとおりです。

　2019年：100億円

　2020年：120億円

　2021年：140億円

　2022年：160億円

　2023年5月：80億円

　2019年から2022年までの4年間で、日傘の販売実績は年々増加しています。2023年も、引き続き増加傾向にあると予想されます。

　日傘の販売実績が増加している理由は、次のとおりです。

　気候変動の影響で、夏の暑さが厳しくなっている。

　紫外線対策の意識が高まっている。

　日傘のデザインや機能が進化している。

日傘は、夏の暑さや紫外線対策に欠かせないアイテムです。今後も、日傘の販売実績は増加していくと予想されます。

------------ End ----------------

　Bard は、新しいデータも google から入手しているので、2023 年 5 月分まで答えられたと思います。また、Bard は、回答時に「他の回答案表示」というボタンがありそれを押すと次のような回答が返って来ました。

---------- 回答 -----------

日本での日傘の販売実績です。2019 年から 2022 年までの 4 年間の販売実績は、次のとおりです。

年	販売金額（億円）	販売台数（万本）
2019 年	600	1,000
2020 年	700	1,100
2021 年	800	1,200
2022 年	900	1,300

2023 年の 5 月までの販売実績は、次のとおりです。

月	販売金額（億円）	販売台数（万本）
1 月	100	150
2 月	120	180
3 月	140	210
4 月	160	240
5 月	180	270

　2019 年から 2023 年までの日傘の販売実績は、毎年増加しています。これは、日傘の需要が高まっているためです。日傘の需要が高まっている理由は、次のとおりです。

　気候変動の影響で、夏の暑さが厳しくなっている。

　女性の社会進出が進み、日傘を日常的に使用する人が増えている。日傘のデザインが豊富になり、ファッションアイテムとして人気が高まっている。

　今後も日傘の需要は高まると予想されます。

　また、表を Google のスプレットシートに表示できます。また、EXCEL への変換も可能です。

4 年間の販売実績		
年	販売金額(億円)	販売台数(万本)
2019 年	600	1,000
2020 年	700	1,100
2021 年	800	1,200
2022 年	900	1,300

2023 年の 5 月までの販売実績		
月	販売金額(億円)	販売台数(万本)
1 月	100	150
2 月	120	180
3 月	140	210
4 月	160	240
5 月	180	270

------------- End ---------------

注)スプレットシートとは、Google が提供している EXCEL に近い機能です。

<評価>

プロンプトに対して、日傘の販売実績を 4 年分と 2023 年 5 月（直近のデータ）を答えてくれました。2023 年 5 月までの情報が答えられるのは、Bard の特徴で有効な点です。

回答の数値には、正確性疑問がありますので、十分に検証が必要になります。

<作業時間>

プロンプト 3 分　回答のアウトプット 5 分　スプレットシートに表示 5 分　合計 13 分でした。人が確認と修正をする時間 5 分を見込んでも 18 分になります。

<満足度：75 点>

ここで気づいたのですが、回答の 3 種類で回答の数字が異なるので、それについて聞いてみました。質問のプロンプトは下記です。

---------- プロンプト ----------

回答の案が 3 種類あるのですが、どれが正確ですか？　情報の出所は分かりますか？

これに対して回答は次のとおりです。

　はい、回答の案の 3 つはすべて正確です。情報の出所は、次のとおりです。

　経済産業省「平成 30 年度 日用品製造業調査」全国日傘協会「日傘白書」

　株式会社日本能率協会総合研究所「日傘市場調査」

　これらの調査によると、2019 年から 2022 年までの日傘の販売実績は、毎年増加しており、2023 年も増加する見込みです。日傘の需要が高まっている理由は、気候変動の影響で、夏の暑さが厳しくなっていること、女性の社会進出が進み、日傘を日常的に使用する人が増えていること、日傘のデザインが豊富になり、ファッションアイテムとして人気が高まっていることです。

　という様に、自信満々です。そこで私は、全国日傘協会「日傘白書」と株式会社日本能率協会総合研究所「日傘市場調査」を調べてみました。日本洋傘振興協議会はあるのですが、全国日傘協会「日傘白書」は見つけられず、日本能率協会総合研究所は、存在しますが、「日傘市場調査」は有料の調査で公開情報は、見つけられませんでした。つまり、**情報の正確性の疑問が生じました。生成 AI では、ネット上の情報をもとに情報収集をおこなっているので、その情報について 100％正確である保証はないと言えます。また、出所についても、正確性が欠けます。**

　次に企画書の作成に生成 AI が役立つかについて調べてみました。前述の日傘を引き続いて取り上げて、最近話題の男性向け日傘についてのイベントの企画書を考えようと思います。そこで、夏本番の 7 月初めに　男性向け日傘フェアーを日本橋・高島屋で企画するのはどうでしょうか？

　③男性向け日傘フェアーの企画書作成について、ChatGPT に依頼してみました。下記がプロンプトです。

--------- プロンプト ----------
　男性向け日傘フェアーを日本橋・高島屋で 7 月 1 日土曜 10 時から 19 時に企画する案を考えてください。
------------ End ---------------

この 2 行のプロンプトに対して、長い企画書を回答してきました。

---------- 回答 ------------
企画書
件名：男性向け日傘フェアー開催の企画案企画概要：
　日本橋・高島屋で男性向け日傘フェアーを開催する企画案をご提案いたします。以下に詳細を記載いたします。

開催日時：：2023 年 7 月 1 日（土曜日）10 時から 19 時場所：
開催場所：高島屋日本橋店
目的：
　男性向けの日傘を紹介することにより、男性の日傘利用の促進を図る。
　高島屋日本橋店に来店する男性客をターゲットに、新たな需要を創出する。
　イベント内容：
　男性向け日傘ブランドの展示と販売、ブースを設け
　さまざまなデザインや機能性に優れた男性向け日傘を展示・販売。
　カスタムメイドのオプションや保証プランなどの特典を提供。
ファッションショー
　特に人気のある男性向け日傘を着こなしたモデルによるファッションショーを実施。
　雰囲気を盛り上げるために DJ やライブパフォーマンスを予定。ゲストの講演などを行う。

　男性向け日傘の利点や UV 対策の重要性などについて、専門家による講演を行う。

ゲスト講演には、メディアで活躍している方や業界の有名人を招聘。

イベント限定キャンペーン：

イベント参加者に特典や割引などのキャンペーンを実施。購入者には応募プレゼントやサービスの提供など、魅力的な特典を用意する。

広告・宣伝：

イベントの告知は、高島屋日本橋店のウェブサイトやSNSアカウント、チラシ、ポスターなどを活用。

メディアへのプレスリリースや取材依頼を行い、関心を高めるような広報活動を展開。

予算：

予算は [予算金額] となります。具体的な内訳や項目については別途検討いたします。

成果評価：

来場者数、売上高、顧客アンケートの回答など、イベントの成果を定量的・定性的に評価し、振り返りを行います。

以上が男性向け日傘フェアーの企画案です。参加者が楽しめるイベント内容や広報手法、予算などが含まれています。企画の詳細や具体的な実施内容は、チームや関係者との協議を通じて検討し、最終的な企画書を作成してください。

------------ End ----------------

＜評価＞

短いプロンプトに対して、ChatGPT は、企画書のデータが多いのか、かなり多い情報を提案してきました。企画書のたたき台としては、十分に役に立つレベルで入社 2 － 3 年の人くらいのレベルに達しているのではないでしょうか？

＜作業時間＞

プロンプト 3 分 回答のアウトプット 6 分 合計 9 分でした。人が確認と修正をする時間 5 分を見込んでも 14 分になります。

＜満足度：85 点＞

　企画案としては、良い出来たと思いますが、詳しい説明がもう少し欲しいです。追加質問として予算の見積を聞いてみました。

　追加のプロンプトは、以下です。

　---------- プロンプト ----------

　このイベントを 1 日間の予定で高島屋にて行う場合、

　予算は、どのように見積もればいいでしょうか？

　金額の根拠などもわかれば教えてください。

　------------　End　---------------

　その回答は、以下の通りです。

　----------　回答　-----------

　イベントの予算は、様々な要素に基づいて検討する必要があります。以下に、一日の男性向け日傘フェアーの予算を見積もる際の一般的な考慮事項と根拠をいくつか示します。

　会場費：

　高島屋日本橋店でのイベント開催に関連する会場費用を見積もる必要があります。

　高島屋や他の類似施設のイベントスペース料金表や関連契約条件を参考にすることができます。

　物品・備品費：

　展示用ブース、ディスプレイ、音響機器、照明、ファッションショー用の衣装など、イベントに必要な物品・備品にかかる費用を見積もります。

　レンタル業者や供給業者からの見積もりや市場価格を参考にすることができます。

　広告・宣伝費：

イベントの広報活動に費やされる広告や宣伝にかかる費用を見積もります。
　　広告代理店や媒体の広告料金、印刷物の制作費などを考慮します。

　　スタッフ費用：
　　イベント運営に必要なスタッフ（イベントプロデューサー、ブーススタッフ、モデル、講演者など）の給与や謝礼などを見積もります。
　　担当するスタッフの人数と労働時間、給与基準などを考慮します。

　　特典・プレゼント費用：
　　イベント参加者への特典やプレゼントの費用を見積もります。提供するアイテムや数量、単価などを考慮します。

　　その他経費：
　　電気使用料、清掃費用、保険料など、その他のイベントに関連する経費を見積もります。

　　以上の要素を考慮し、イベントの規模や目標に合わせて予算を見積もることが重要です。関連する見積もりや実績データ、市場調査などを活用して、各項目の費用を詳細に洗い出し、合計予算を算出することをお勧めします。
　　また、予算の柔軟性やリスク管理にも留意しながら、必要な調整や優先順位の付け方についても検討してください。
　　------------- End ----------------

　＜評価＞
　　予算の見積を頼んだプロンプトに対して、回答は、金額ではなく、予算を見積もる要素についての説明が返って来ました。金額が分からないのは、残念ですが、見積方法の説明は助かります。
　＜作業時間＞
　　プロンプト３分　回答のアウトプット５分　合計８分でした。人が確

認と修正をする時間 10 分を見込んでも 18 分になります。

＜満足度：70 点＞

　回答に予算金額の表示はないので、評価は低いですが、予算を見積る根拠が列挙されており、十分に役に立つ回答だと思います。

4）宣伝広報部門での活用

　宣伝広報部門は、企業や商品の広報活動やマーケティングを担当し、広告キャンペーンの企画、メディア戦略、ブランドイメージの構築などが関わります。この中での生成 AI の活用例を示します。

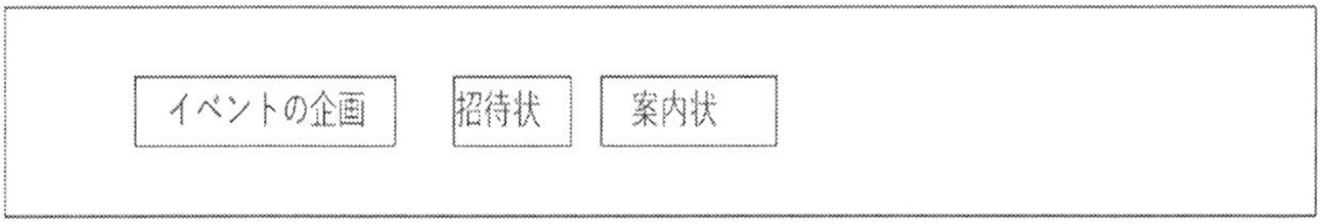

図 2-9　イベント企画と招待。案内のプロセス

　宣伝広報部門での生成 AI の活用ですが、前述の「日傘フェア」の招待状と案内状を作成してもらおうと思います。以下のプロンプトを作成して送りました。今回は、「招待状」と「案内状」の 2 種類を同時に依頼することにしました。そのプロンプトは、以下の通りです。

　---------- プロンプト ----------
　招待状と案内状を作成してください。招待状は、上得意様宛で飲み物付きです。一般のお客様には、案内状を作ってください。
　件名：男性向け日傘フェアー開催の企画案
　企画概要：
　日本橋・高島屋で男性向け日傘フェアーを開催する企画案をご提案いたします。以下に詳細を記載いたします。
　開催日時：日時：2023 年 7 月 1 日（土曜日）10 時から 19 時
　場所：開催場所：高島屋日本橋店
　目的：男性向けの日傘を紹介することにより、男性の日傘利用の促進を図る。
　------------- 　End 　----------------

このプロンプトについて説明をしますと、必要な条件として、日時と場所と目的を入力したので、長くなりました。

　その結果として下記の回答です。また、「招待状」と「案内状」の２種類の作成を依頼しました。

---------- 回答 ------------
【招待状】
　上得意様
　お世話になっております。上得はじめまして、担当の鈴木一郎です。

　男性向け日傘フェアーの開催を記念して、特別に上得様をご招待いたします。この機会に男性の皆様に、日傘の利用の重要性と便利さをご紹介いたします。
【開催概要】
　日時：2023年7月1日（土曜日）10時から19時
　場所：高島屋日本橋店
【プログラム】
　男性向け日傘の最新コレクションの展示
　ファッションショーとスタイリングアドバイス
　トークセッション：男性の健康と紫外線対策についてギフトカードプレゼント抽選会
　その他、特典やサービスのご提供
　会場では、男性向け日傘をご覧いただくことができます。さらに、お飲み物のサービスもご用意しておりますので、心地よいひと時をお過ごしください。
　ご多忙とは存じますが、上得様のご参加を心よりお待ちしております。当日は、担当者がお待ちしておりますので、お気軽にお声掛けください。
　なお、ご同伴の方がいらっしゃる場合は、お知らせいただければ幸いです。

　何かご不明な点やご質問がございましたら、お気軽にお問い合わせください。

敬具
上得意様営業担当
鈴木一郎

　　------------　End　--------------

　プロンプトに「招待状と案内状を作成してください。」と依頼したので、招待状の作成の後に、連続して、案内状の作成がされました。以下の内容が 思考時間 10 秒程度で記述を開始しました。

　　----------　回答　-----------
【案内状】
　件名：男性向け日傘フェアー開催のご案内

　拝啓 時下ますますご清栄のこととお慶び申し上げます。
敬具
　お客様各位
　日本橋・高島屋では、男性向け日傘フェアーを開催いたします。男性の皆様にぜひご参加いただき、日傘の便利さと紫外線対策の重要性をご体感いただければと思います。
【開催概要】
　日時：2023 年 7 月 1 日（土曜日）10 時から 19 時
　場所：高島屋日本橋店
【プログラム】
　男性向け日傘の最新コレクションの展示
　ファッションショーとスタイリングアドバイス
　トークセッション：男性の健康と紫外線対策についてギフトカードプレゼント抽選会
　その他、特典やサービスのご提供
　ぜひ、ご家族やお友達と一緒にお越しください。男性の皆様に合わ

せた特別な企画をご用意しておりますので、楽しいひと時をお過ごしいただけます。

　日傘は、紫外線対策にとても効果的です。ぜひ、この機会に男性の皆様に日傘の利用のメリットをご体感いただき、健康と美容のために紫外線対策を意識してみてください。

　ご来場いただいた方には、特典やプレゼントもご用意しておりますので、お楽しみに。

　ご不明な点やご質問がございましたら、お気軽にお問い合わせください。

　皆様のご来場を心よりお待ちしております。

敬具

鈴木一郎

上得担当営業

　ご希望の内容に基づいて、招待状と案内状のサンプルを作成いたしました。テキスト内容やデザインは、適宜カスタマイズしてください。

------------- End ----------------

<評価>

　招待状と案内状とも、確認と一部手直しは、必要でしょうが、たたき台になりえる精度で、仕事の効率化につながると考えます。

<作業時間>

　プロンプト 8 分　回答のアウトプット 9 分　合計 17 分でした。人が確認と修正をする時間 10 分を見込んでも 27 分になります。

<満足度：85 点>

　プログラムの項目にそれらしい項目を提案しています。

　プロンプトに「上得意様向け招待状は、上得意様宛で飲み物付きです。」といれたので、招待状にだけ「お飲み物のサービスもご用意しておりますので、心地よいひと時をお過ごしください。」とうまい表現を書いています。

<考察>

　経営企画や宣伝広報の業務で生成 AI は、その知識を十分に活用して、企画案のたたき台や宣伝企画の計画案を出しています。つまり、生成 AI

が蓄えた情報から調査や企画、計画案の作成ができるので、得意の分野と考えられます。

5）部門に関係なく業務と生成 AI の活用

　ここでは、部門に関係なく、働く人たちが、日常の中で作業する項目から、生成 AI が活用できるものを紹介します。下記のような「出張申請」や「残業申請」などは、多くの人が利用できるので、効果は大きくなると思います。

図 2-10　出張・勤務時間管理など共通業務の処理

　この部門に関係なく、多くの人が使用することが、見込まれるのが「出張申請書」とその後の「出張報告書」です。また、「会議議事録作成」については、生成 AI では、文章のチェックはできますが、音声からテキストへの変換をする AI とビデオから人を判断することを加えたソフトを使用することで 1 時間の会議では、2 時間半くらい作成にかかる時間が半減できると考えます。

　出張申請書の作成を生成 AI ChatGPT で行うプロンプトを作成して送りました。

　---------- プロンプト ----------
　出張申請書を書いてください。
　宛先は、上司の田中営業課長宛です。
　商談日時：2023 年 7 月 3 日
　14 時訪問
　商談場所：新東都商事株式会社本社（横浜市関内駅近く）
　弊社担当者：鈴木営業員（事務所所在地：東京都錦糸町駅近く）顧
客担当者：伊藤課長様（新東都商事株式会社）
　商談詳細：　A 製品の説明とオプションに関する提案（約 1 時間

30 分の時間）以上の内容です
------------- End ----------------

これに対しての回答は、以下の通りです。

---------- 回答 ------------
【出張申請書】
　宛先：田中営業課長 殿
　件名：出張申請書

　拝啓　時下ますますご清栄のこととお慶び申し上げます。
　お世話になっております。鈴木一郎と申します。下記の内容にて、
商談のための出張を申請いたしますので、ご承認くださいますようお
願い申し上げます。
【出張概要】
　商談日時：2023 年 7 月 3 日 14 時訪問
　商談場所：新東都商事株式会社本社（横浜市関内駅近く）
　弊社担当者：鈴木営業員（事務所所在地：東京都錦糸町駅近く）
　顧客担当者：伊藤課長様（新東都商事株式会社）
【商談内容】
　A 製品の説明とオプションに関する提案（約 1 時間 30 分の予定）
【目的】
　・新東都商事株式会社様との商談を通じて、弊社製品の提案と販売
促進を図る。
　・新たなビジネスチャンスを創出し、取引の拡大を目指す。
【交通手段】
　出張先までの交通手段：新幹線（東京駅 - 横浜駅）、その後は地下
鉄またはタクシーにて移動
【宿泊】
　宿泊の必要性：不要（日帰り出張となります）
【予算】

交通費：新幹線往復代、タクシー代食事代：商談に関連する飲食費
その他必要経費：特にありません
【申請者情報】氏名：鈴木一郎 所属部署：営業部
連絡先：[連絡先の電話番号またはメールアドレス]

　以上の理由により、出張の許可をお願いいたします。商談の成果に繋がるよう努力し、結果を報告いたします。
　ご不明な点やご質問がございましたら、お気軽にお問い合わせください。

敬具

＜評価＞

　6 行の簡単なプロンプトに対して、出張申請に必要な項目を整理して書いてくれました。拝啓と敬具は、要らないと思いますが、その他はいい出来だと思います。

＜作業時間＞

　プロンプト 6 分　回答のアウトプットまで 8 分　合計 14 分でした。人が確認と修正をする時間 6 分を見込んでも 20 分になります。
　＜満足度：80 点＞とします。

　次に出張報告書の作成について、同じく ChatGPT に依頼しました。

---------- プロンプト ----------

出張報告書を書いてください。
宛先は、上司の田中営業課長宛です。商談日時：2023 年 7 月 3 日
14 時訪問
商談場所：新東都商事株式会社本社（横浜市関内駅近く）
弊社担当者：鈴木営業員（事務所所在地：東京都錦糸町駅近く）
顧客担当者：伊藤課長様（新東都商事株式会社）
商談詳細：　A 製品の説明とオプションに関する提案（約 1 時間30 分の時間）以上の内容です。結果としては、伊藤課長は、実際に

実物を見て技術的な説明が聞きたいということで、7月15日14時に弊社の市川工場を訪れて、見学と説明を聞くことになりました。

　　-------------　End　----------------

　出張の結果、自社の工場で製品の見学と説明を聞くことになった報告を追加したプロンプトを入力して送りました。その結果は下記です。

　　-----------　回答　------------

【出張報告書】
　宛先：田中営業課長　殿

　件名：出張報告書

　拝啓　時下ますますご清栄のこととお慶び申し上げます。

　お世話になっております。鈴木一郎と申します。以下、出張の報告をさせていただきます。

【出張概要】
　商談日時：2023年7月3日14時訪問
　商談場所：新東都商事株式会社本社（横浜市関内駅近く）
　弊社担当者：鈴木営業員（事務所所在地：東京都錦糸町駅近く）
　顧客担当者：伊藤課長様（新東都商事株式会社）

【商談詳細】
　商談の目的はA製品の説明とオプションに関する提案でした。商談は予定通りに進行し、約1時間30分の時間を要しました。伊藤課長様は、実物の製品と技術的な説明を希望され、弊社の市川工場を見学することになりました。

【見学日時】

　見学予定日時：2023 年 7 月 15 日 14 時見学場所：弊社市川工場
【商談結果】
　商談の結果、伊藤課長様は弊社の製品に興味を示し、実際に製品を見学するために市川工場への訪問を希望されました。詳細な説明と見学を実施するため、上記の日程が調整されました。

【今後の対応】
　弊社は、伊藤課長様の見学の準備を整え、訪問当日に丁寧な説明を行います。また、見学後のフォローアップとして、追加の情報提供や商談の進展に関する連絡を行います。
【ご承認のお願い】
　今回の出張報告について、ご承知いただき、引き続きご指導をいただけますようお願い申し上げます。

　ご不明な点やご質問がございましたら、お気軽にお問い合わせください。

敬具

------------　End　---------------

＜評価＞
　出張報告書は、プロンプトが 8 行になり、内容が増えましたが、出張申請報告書らしく、【商談結果】と【今後の対応】を新たな項目として追記して書いてくれました。

＜作業時間＞
　プロンプト 8 分　回答のアウトプットまで 9 分　合計 17 分でした。
　人が確認と修正をする時間 6 分を見込んでも 23 分になります。

＜満足度：80 点＞
　悪い点は、出張経費の交通費が入らないのが残念です。自然言語系 AI なので、交通費計算は、難しいようです。良い点は、下記の商談結果と今後の対応が追記されて報告書らしくなっています。

ChatGPT では、交通費の清算は、機能として無理なようですので、他のアプリを使って計算が必要になることが判明しました。

　次に、議事録作成について、調査検討したことを記述します。生成 AI では、作成した議事録のミスや文章添削などは可能ですが、会議の音声記録をテキストに変換する機能は、現時点では付いていないこと及び発言者の氏名を識別するのが、困難なので、別の AI を使って作成することを検討しました。第 6 章　AI による業務効率化(画像、音声テキスト変換など)事例の事例 3 に議事録作成ソフトを紹介しています。

6) 研究開発における生成 AI の活用

　研究開発の分野でも、自然言語系生成 AI の活用が期待できます。たとえば、膨大な量の文書やコードを処理して、研究者や開発者の調査プロセスを効率化することができ、それにより、新しい知識や洞察を発見することも期待ができます。具体的な例としては、研究開発においては論文調査や特許調査などの情報収集が重要な要素となります。

　研究開発における生成 AI の活用例としては、下記があります。

・新薬探索：生成 AI は、既存の医薬品データや化学構造データを活用して、新しい有効な薬剤候補を生成することができます。化合物の生成や分子デザインの支援に活用され、薬物開発の効率性と創造性を向上させることが期待されています。

・材料科学：生成 AI は、材料の特性や構造に関するデータから新しい材料の候補を生成することができます。材料設計や特性予測に応用され、エネルギー効率性や持続可能性を考慮した新たな材料の開発を支援します。

　AI モデルを利用して、研究分野の論文や特許に関する情報を調査することが可能です。まず、AI を活用した情報調査の一般的な手順を示します。

①データ収集：関心のある研究分野に関連する論文データベースや特許データベースからデータを収集します。これらのデータベースは、科

学出版社や特許庁が提供しているオンラインプラットフォームなどで
アクセスできます。

②検索クエリの作成：調査したいトピックに基づいて、適切な検索クエ
リを作成します。クエリは、キーワード、著者名、特定の期間などの
情報を含むことができます。

③検索とフィルタリング：検索クエリを使用してデータベースを検索
し、関連する論文や特許を取得します。結果を適切にフィルタリング
し、関連性や信頼性の高い情報を抽出します。

④文書の要約と分析：取得した論文や特許を要約し、重要なポイントや
結果を把握します。自然言語処理技術を使用して、文書の内容を解析
し、キーワードの抽出やトピックの特定などを行うことができます。

日本において、医療情報について、ChatGPT と Bard に聞いてみました
が、回答は、「医療に関する情報は提供できません。」ということで、医
療情報の扱いは、法律を含め規制があります。例えば、「医療・介護関係
事業者における個人情報の適切な取扱いのためのガイダンス（平成 29 年
4 月 14 日付）などがあり、個人情報保護の観点から生成 AI が情報収集
することは、難しい分野です。

そこで、特許など技術開発分野での生成 AI の使い方を試してみました。
ChatGPT に半導体特許について聞いてみました。

入力したプロンプト

---------- プロンプト ----------
日本が持っている半導体に関連した特許は、どんなものがあります
か？
------------- 　End　 ----------------

その回答です。

----------- 　回答　 -----------
私のデータベースは最新の特許情報を持っておらず、特許情報を提

供することはできません。特許情報は公的なデータベースや特許庁などの公式な情報源から入手することが一般的です。

　日本における半導体関連の特許情報を調査するには、以下のような手順をおすすめします：

　特許庁のウェブサイトへアクセスする：日本の特許庁は特許に関する情報を提供しています。特許庁のウェブサイトで特許検索システムを利用することで、半導体に関連する特許情報を検索することができます。

　特許分類コードを使用する：半導体に関連する特許は、特許分類コードを使用して絞り込むことができます。例えば、国際特許分類（IPC）コードの「H01L」は、半導体デバイスや半導体製造に関連する特許を指します。特許庁のウェブサイトで特許分類コードを使用して検索を行うことができます。

　専門家の支援を利用する：特許情報は膨大で専門的なものであるため、専門家の支援を利用することも有益です。特許弁理士や特許情報検索サービスを利用することで、特許情報の収集や解析を支援してもらえます。
　これらの手順を踏むことで、日本における半導体関連の特許情報をより詳細に調査することができます。ただし、特許情報は追加されたり更新されたりするため、最新の情報を入手するためには公式な特許情報源にアクセスすることが重要です。

＜評価＞
　半導体の特許について私は、知識がないのですが、「国際特許分類（IPC）コードの「H01L」は、半導体デバイスや半導体製造に関連する特許を指します。特許庁のウェブサイトで特許分類コードを使用して検索を行うことができます。」などの情報をもらったことは、その後の調査に使えます。

＜作業時間＞

プロンプト作成 1 分　回答のアウトプットまで 1 分　合計 2 分でした。

人が確認と修正をする時間 5 分を見込んでも 7 分になります。

＜満足度：80 点＞

このように知らない分野ごとに知識を集めて、調査を開始する方法を生成 AI から入手することもできます。

（6）生成 AI と従来の AI の使い分けについて

研究開発の分野で AI モデルを利用することで、膨大な量の文献や特許を効率的に処理し、重要な情報を抽出することが可能です。この場合、従来からある AI と生成 AI をどのように使い分けるかの疑問が生じましたので、調べてみました。それぞれの使用モデルは以下の通りです。

生成 AI：GPT-3、DALL-E、CLIP

AI モデル：BERT、RoBERTa、Transformer

生成 AI は、テキスト、コード、画像、音声などのデータを生成することができる AI です。生成 AI を利用することで、膨大な量の文献や特許から、新しい知識や洞察を発見することができます。例えば、生成 AI は、過去の研究論文やコードを分析することで、新しい研究テーマや研究方法を発見することができます。また、生成 AI は、インターネット上の膨大な量の情報から、新しいアイデアやインスピレーションを得ることができます。

具体的には、生成 AI は、次のことができます。

・過去の研究論文やコードを分析して、新しい研究テーマや研究方法を発見する。

・インターネット上の膨大な量の情報から、新しいアイデアやインスピレーションを得る。

・文書やコードから、新しい知識や洞察を発見する。

AI モデルは、以前からデータから学習して、特定のタスクを実行する

ことができる AI です。AI モデルを利用することで、膨大な量の文献や特許を効率的に処理し、重要な情報を抽出することができます。生成 AI も AI の仲間ですから、例えば、AI モデルは、文書やコードを分類したり、要約したりすることができます。また、AI モデルは、文書やコードの中から、重要な情報を抽出することができます。

AI モデルは、次のことができます。

・文書やコードを分類する。

・文書やコードを要約する。

・文書やコードの中から、重要な情報を抽出する。

＜なぜ生成 AI は、新しい知識や洞察を発見することができるのでしょうか？＞

生成 AI は、「新しい知識や洞察を発見するのに適しています。」とは正しいのでしょうか？

生成 AI も従来の AI も、文献や特許を効率的に処理し、重要な情報を抽出するために使用します。その違いは、データの量の違いだと私は考えます。生成 AI は、巨大なデータセンターにビックデータや膨大な量の文献や特許を効率的に処理し、情報の中から人が気づかない特徴量を抽出することができます。このため、従来の AI モデルよりも、新しい研究テーマや研究方法や新しいアイデアやインスピレーションを得ることができると考えます。このことについては、次の人と生成 AI との役割分担にも関係するので、引き続き検討しましょう。

3. 人と生成 AI との分担

前述した「なぜ生成 AI は、新しい知識や洞察を発見することができるのか？」について、もう少し突っ込んで生成 AI に聞いてみました。

---------- プロンプト ----------

生成 AI は、従来の AI よりも、新しい知識や洞察を発見することができるということですが、どうしてそう言えるのでしょうか？

------------- End ----------------

　この疑問も ChatGPT と Bard に聞いてみました。その結果をそれぞれ示します。

---------- 回答 ------------
ChatGPT の回答
　生成 AI は、「新しい知識や洞察を発見するのに適しています。」と言えるのでしょうか？
　生成 AI は、生成 AI が新しい知識や洞察を発見するのに適している理由は以下のとおりです：
　1）データからの非線形な関係の学習
　生成 AI は、大量のデータを学習して非線形な関係を抽出することができます。これにより、既存の知識やパターンだけでは気づけなかった新たな関連性や傾向を見つけ出すことが可能となります。
　2）クリエイティブな発想と組み合わせ
　生成 AI は、学習データから抽出した情報やパターンを基に新しい情報やアイデアを生成します。これにより、既存の知識やアプローチにとらわれず、クリエイティブな発想や新たな組み合わせが生まれる可能性があります。
　3）ブラインドスポットの克服
　人間には知覚的な制約やバイアスがあり、特定のパターンや傾向に偏ってしまうことがあります。一方、生成 AI はデータに基づいて客観的な分析を行うため、人間のブラインドスポットを克服し、新たな知識や洞察を得ることができます。
　4）仮説の生成と検証：生成 AI は、学習データから仮説を生成することも可能です。これにより、既存の知識やデータに基づいて新たな仮説を立て、その仮説を検証することができます。新しい関係やパターンの発見につながる可能性があります。
　ただし、生成 AI が新しい知識や洞察を発見するためには、適切なデータの準備や学習、モデルの設計などが重要です。また、AI が生成する情報や結果の解釈や評価には人間の専門知識と判断が必要となります。生成 AI はあくまで補完的なツールであり、人間との協働に

よってより有益な洞察を得ることができます。
　-------------　End　----------------

　用語の解説：ブラインドスポット（blind spot）とは、特定の情報や視点が欠落している状態を指します。人間には知覚的な制約やバイアスが存在し、特定のパターンや傾向に偏ってしまうことがあります。これにより、重要な情報や新たな洞察を見逃してしまう場合があります。人間の視点では気づきにくい傾向やパターンを生成 AI が抽出することがあります。また、生成 AI は大量のデータを処理する能力を持っているため、膨大な情報から関連性の高い要素を見つけ出すことができます。これにより、新たな知識や洞察を得ることができるのです。
　次に、Google Bard にも、同様の質問を送ってみました。

　----------　プロンプト　----------
　生成 AI は、従来の AI よりも、新しい知識や洞察を発見することができるということですが、どうしてそう言えるのでしょうか？
　-------------　End　----------------

　----------　　回答　------------
　Bard の回答
　生成 AI は、新しい知識や洞察を発見するのに適している理由は、次のとおりです。
　・膨大な量の文書や特許から、新しいパターンや関係を発見することができます。
　・文書や特許の中から、新しいアイデアやインスピレーションを得ることができます。
　・文書や特許を新しい形で表現することができます。
　・生成 AI は、まだ開発途上ですが、研究開発の分野で、大きな可能性を秘めています。今後、生成 AI は、新しい知識や技術の創出に貢献していくことが期待されます。
　-------------　End　----------------

96

「生成 AI は、新しい知識や洞察を発見するのに適しています。」ということについて、生成 AI の回答は、それぞれ納得できます。私の考えでは、データの分析によって人が見つけるデータの特徴量と、異なるデータの特徴量を生成 AI は、新たな思考やアイデアを導きだす可能性があることは、認めます。しかし、それが必ずしも正しいとは限らないのです。特に ChatGPTの回答での「3) ブラインドスポットの克服」は、説得力がありますが、これは、人も AI でも同じはずです。また、AI は、データから判断しますから、新しい傾向や未来の傾向を読み解くのは、苦手です。人には、感性や危機対応などの能力があり、人間の判断は、必要になります。それに生成 AI に失敗の責任は取れませんから、人が判断をして責任を持つことが求められます。AI の能力には限界があり、情報の適切な解釈や評価には人間の専門知識と判断が必要となります。そのため、まだ、しばらくの間は AI をアシスタント（補完的なツール）として使用することが推奨されます。

　業務の効率化については、第 5 章でも具体的な事例を含めて紹介します。

第 3 節　業務改革の方針と手順

1. 業務改革の考え方

　これまで読者の皆さんは、業務改革や業務効率化への取り組みをされてきた人が多いと思いますが、その結果は、以前と比べてどうなったでしょうか？業務改革や業務効率化の結果が収益向上にどの程度つながったでしょうか？また、前節で紹介したように、日本の DX 化の進み方、政府の推進活動にも拘らず、DX 化の進みは遅いのが現状です。　本書では、この点を考慮しながら、大上段に構えるよりも、まず、自分たちでできることをやってみよう、試してみようという姿勢を強調したい。そして、業務改革や業務効率化への取り組みを行い収益の向上に繋がることを目指したいと思います。従来からある業務改革の手順とは、異なる手順をあえて提案します。

　本書での生成 AI を活用した業務改革の方針として考えていることを下記にまとめました。

表2－2　生成 AI を活用した業務改革の方針

生成 AI を活用した業務改革の方針（7 つのステップ）
第 1 に AI や生成 AI をまず使ってみよう！ 触れて感じて理解する。 第 2 に AI や生成 AI でできる小さなことから始めよう。 第 3 に AI や生成 AI を活用して、小さな効果が確認できたら、職場の課題の中からテーマを選んで取り組もう。 第 4 に職場単位での効果が確認できたら、それを発表して社内で共有して横展開を図る 第 5 に業務改革に取り組む課題を選び、そのテーマについて、目的と実施計画、予算計画を立てる。 第 6 にデータサイエンスを理解して必要なデータの内容と所在を調べるなど準備の上、システム化設計を行う。 第 7 に AI 活用システム化プロジェクトをトップダウンで意思決定し、組織的に実施することで業務改革を図る。

　以上 業務改革の方針を箇条書きにしてみたので、これについて説明します。この方針を考えた理由は、これまでの業務効率化や業務改革、DX 化などの経験から企業の皆さんが経験してきたことと、AI や GPT の特徴から考えてこの方針を決めました。その理由を理解してもらうためにまず、現状認識とこれまでの取り組みを振り返りましょう。

2.業務改革の手順

　前述の通り、日本の経済産業省などの DX などシステム化への取組や手順を見てきましたが、これまで業務改革や効率化を進めてきた企業の経験者から聞く言葉として、「業務改革や効率化は、以前から何度も試みてきたので、またか？　という気持ちがあるのは確か」という人も多いようです。著者も若い時に BPR（ビジネス・プロセス・リエンジニアリング）という情報システムを活用しながら、ビジネスプロセスを再構築することや、ERP の導入における業務の見直しなど経験があり、何度目かの業務改革を経験された方の意見は、良く分かります。しかし、AI や生成 AI による業務改革の方針と手順は、従来の方針や手順とは異なります。以前と

は、異なる手順により成功します。何故なら、AI や ChatGPT は、情報システムとは異なり、基幹業務を担当していないからです。ChatGPT の使い方は、これから試行錯誤が行われるはずです。AI の方は、既にいくつかの業務（検査工程・物流・交通分野・監視業務・金融など）に使われています。

　まず、申し上げたいこととして AI や ChatGPT の特色を理解する必要があります。

　＜ AI の特色を認識する＞

　・AI や生成 AI は、会社の基幹システムではありません。

　・AI は、基本的に専門別の機能を担当します。

（AI には、画像処理、音声認識、テキスト翻訳、データ分析、生成 AI などの種類があります）

　・ChatGPT や GPT4 は、世界中のビックデータから収集したテキストデータから良い答えを導きます。知識の共有化を進めるツールです。

　上記の特色から考えるに、これまでの業務改革で良く言われた社長や経営者が率先して取り組む。組織を作って取り組むという手順とは少し異なります。

　そこで、本節で伝えたいこととして、下記の方針と手順があります。

　＜業務改革の手順（7 つのステップ）＞

　第 1 に　AI や生成 AI をまず使ってみよう！　触れて感じて理解する。

　社長や経営者も、新入社員もまず、AI や GPT をまず使ってみよう！その意味やできそうなことを理論だけでなく、使って体得してください。

　この時点で、AI に関する初歩的な教育があるといいです。または、AI の知識ある人を中心に行うことになります。

　第 2 に　AI や生成 AI でできる小さなことから始めよう。

　職場や仕事上の小さな問題点・課題を 2 － 3 人で相談して AI や GPT で解決してみてください。完全な解決でなくとも、便利になることを実行してみましょう。

　AI の教育を受けて、簡単な AI を作れる人を育てましょう。

　第 3 に　AI や生成 AI を活用して、小さな効果が確認できたら、職場の課題の中からテーマを選んで取り組もう。

この段階になって、やっと組織的に動くことになります。自分の課や部での問題点や課題を相談して、テーマを決めて理想的には 4 〜 5 人のチームを作り、取り組んでみましょう。この時、情報の取り込みは、情報システム部門との協議や他部門との係りのある業務は、調整も必要になります。

第 4 に 職場単位での効果が確認できたら、それを発表して社内で共有して横展開を図る。

各職場での成功事例を参考に、自部門・他部門でも、有効な AI システムが作り、利用することで、社内全体が AI や GPT での業務効率化が進む可能性があります。

第 5 に 業務改革に取り組む課題を選び、そのテーマについて目的と実施計画、予算計画を立てる。

ここまで、来るのに最低 1 年から 2 年かかると思います。その間に AIのスペシャリストを養成して組織として AI や DX に強い体制ができるとその後の進捗が良くなります。

第 6 に データサイエンスを理解して必要なデータの内容と所在を調べるなど準備の上、システム化設計を行う。

AI や GPT を本格的に使うために、データサイエンスを理解して、データの精査や所在を確認し、必要なことを準備した上で、業務改革や業務効率化のシステム設計を行います。

第 7 に AI 活用システム化プロジェクトをトップダウンで意思決定し、組織的に実施することで業務改革を図る。

これまでに 6 つのステップを経て準備してきた AI や GPT による業務効率化を積み重ねて、更に収益の向上に繋がること目指すプロジェクトを作り、経営者が率先して組織を作り、本格的に取り組むことにより、業務改革が実現すると思います。

以上　従来の業務改革や大規模システム開発とは異なる手順で行う必要があると考え、この度、この「AI を活用した業務改革の方針と手順」を書いてみました。是非、参考にして頂き、ご自分の組織で検討して、実施してみてください。

<第2章　参考文献> ─────────────────────────────

文献（2-1）： ㈱エクサウィザーズ「exaBase 生成 AI 説明資料」

文献（2-2）： 経済産業省による 2022 年「世界各国と比較した我が国の生産性の状況」https://www.meti.go.jp/report/tsuhaku2013/2013honbun_p/pdf/2013_01-01-03.pdf

文献（2-3）： 2022 年 12 月時点で OECD 等が公表していたデータに基づいて日本生産性本部作成。

文献（2-4）： デジタル庁 HP
https://www.digital.go.jp/policies/priority-policy- program/

文献（2-5）： 経済産業省が 2018 年に公開した「DX レポート」より抜粋

文献（2-6）： DX 推進システムガイドラインより引用
https://www.meti.go.jp/shingikai/mono_info_service/covid-19_dgc/pdf/002_05_00.pdf

第3章
AI の理解

この章は、AI の理解を深めるためのもので、既に理解されている方は、読み飛ばしてください。

第 1 節　AI の概要

1.AI とは何か

AI は、Artificial Intelligence の略で、日本語では人工知能です。では、人工知能を簡単に説明すると「コンピュータ上に人工的に作られた知能、またはそれを作る技術」です。AI の実体は何かというと、それは、コンピュータ上に記述されたプログラムです。しかし、普通のプログラムと違う点は、人間が与えたルール（アルゴリズム）で動くだけでなく、AI では、「与えられたデータなどからルールを作り出して答えを出す」という特徴があります。

2.AI の歴史と発展過程

AI ができる分野や領域を理解した上で発展の歴史を説明します。人口知能という言葉が誕生したのは、1956 年アメリカのダートマス大学で開かれた研究会議で人と同じように考える知的なコンピュータを人工知能（Artificial Intelligence）と呼ぶことにしたのです。この時点では、当然

AI は実現していません。AI は、注目を浴びブームと言える時期があり、これまで 3 度のブームがありました。

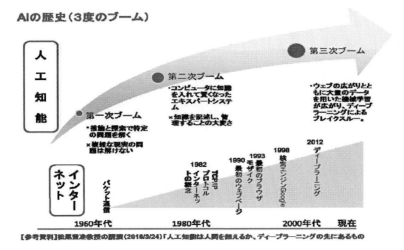

図 3-1　AI 発展の経緯

参考資料（3-1）東京大学　松尾教授の講演資料を参考に作成（2016 年）

　第 1 次 AI ブームは、1950 年代後半から 1960 年代でコンピュータを使った「推論や探索」を行い、特定の問題を解く研究が行われました。例えばパズルや迷路を解いたり、チェスを指したりが行われました。第 2 次ブームは、1980 年代から 1990 年代の初めころに、AI に知識やルールを教え込ませる「エキスパートシステム」が登場しました。例えば、医療診断のシステムで、病名やその症状、治療法などの知識を集めてデータ化して、コンピュータに入力することでエキスパートシステムが患者の症状から病名を特定し、治療法や薬を支持することができる AI が登場しました。しかし、知識やルールの漏れが生じ、データの不十分さもあり、守備範囲外の問題に対応できないなどの限界が生じました。第 3 次 AI ブームは、2000 年に入り「ディープラーニング」の登場でこれまでの課題が解決に向かい実用化を迎えました。ディープラーニングとは、人間が AI に与えるルールやアルゴリズムを使うだけではなく、AI 自身がそのデータの特徴をとらえて人が教えるよりも精度の高い判断ができるようになりました。

AI の４つのレベル

レベル１（単純な制御プログラム）
エアコン、掃除機、洗濯機など

レベル２（古典的な人工知能）
振る舞いのパターンが極めて多彩なもの。将棋プログラム、掃除ロボット、質問に答える人口知能

レベル３（機械学習を取り入れた人口知能）
入力と出力を関係付ける方法がデータをもとに学習されている。検索エンジン、パターン認識

レベル４（ディープラーニングを取り入れた人口知能）
機械学習をする際のデータを表すために使われる変数（特徴量と呼ぶ）自体を学習できるディープ
ラーニングを取り入れたもの

参考文献（3-2）：
「人工知能は人間を超えるか、ディープラーニングの先にあるもの」松尾豊著
2015 年角川発行

　生成 AI は、ディープラーニングを取り入れており、上記の AI レベル 4
にあたります。

3.AI のできること
　AI が使用されるケースが増えていますが、その中でまず、身近なとこ
ろからは、スマホに搭載されている "Siri" や Google アシスタントがあり、
音声を認識してその答えを検索して音声で答えます。また、囲碁のプロ棋
士を破った "AlphaGo" やチェスのチャンピオンを破った "Watson" などが
有名です。AI でできることを種類分けして、代表的なものとして、下記
があります。

1）画像認識
　社会で使われる代表的なものとして、画像認識 AI を使った「顔認証シ
ステム」があります。空港の入国審査、警察の犯罪捜査、セキュリティの
高い会社の入室検査などに使われ、スマホで取った写真での顔認証も可能

です。また、民間の天気予報サービスでは、人工衛星の画像から雲の動きをAIが分析して天気予報の精度を上げています。

2）音声認識と文章認識

　外国語を翻訳するAIがありますが、これには、音声を認識するAIと文章を認識するAIが使われています。外国語を翻訳するAIは、スマホにもある翻訳機能や翻訳機として「ポケトーク」という製品では、55言語の音声認識とテキスト認識の両方を行い、20言語ではテキストのみに翻訳でき、インターネット上の最新、最適なエンジンとAI（人工知能）を用いて、多国語の翻訳をして口頭や文書で回答します。

3）AIによる自動運転

　夢の世界だった自動車の自動運転が現在、開発されています。自動運転車の自動のレベルは、0から5までの6段階に分けらますが、既に実現しているレベル2では、ハンドル操作と加減速をAIがサポートできます。レベル3は、通常の運転を自動で行うが、緊急時にはドライバーの操作が必要なレベルです。2021年からは、このレベル3の車が販売されています。レベル4は、限られた場所のみでドライバーが不在でも自動運転可能なレベルです。レベル5は、どの場所でもドライバーが不在でも自動運転が可能なレベルをいいます。

　参考文献（3-3）：Newton 別冊「ゼロからわかる人工知能」2022/1/17

4.AIによっておこる変化

　AIが社会で多く活用されるようになると前節で説明したAIが生むメリットが生まれる他に、人間がこれまでやっていた仕事をAIができることにより、仕事がAIに奪われることも生じます。2013年にオックスフォード大学のフレイ博士が発表した論文 "The Future of Employment: How Susceptible are Jobs to Computerization. Carl Benedikt Frey et al. 2013 の中で、702の仕事について10年から20年でAIに奪われる確率を示しています。

　その中から、筆者も納得できる仕事について「AIに奪われる可能性が

高い仕事」と「AI に奪われない仕事」を記述します。

「AI に奪われる可能性が高い仕事」	「AI に奪われない仕事」
・電話販売員（テレマーケター）	・レクレーション療法士
・不動産登記の審査・調査	・危機管理責任者
・保険業者	・メンタルヘルス、医療ソーシャルワーカー
・税務申告代行者	・作業療法士
・銀行の一般事務員	・医者
・データ入力作業員	・歯科矯正士、歯科技工士
・証券会社の一般事務員	・振付師
・会社の受注・発注事務員	・セールスエンジニア
・工場の作業オペレータ	・教員
・無線通信士	・接客サービス

　注）上記の仕事は、フレイ博士の選んだそれぞれ 30 種類の仕事から筆者が 10 種類ずつを選びました

　また、AI が多く活用されることにより、なくなる仕事だけでなく、新しい仕事が生まれます。例えば、AI を開発するエンジニアの仕事、AI を活用・運用するデータサイエンスの仕事が増えるはずです。これは、コンピュータやインターネットの普及により、IT 系のシステムエンジニアやプログラマー、Web デザイナーなどの仕事が増加した実績があります。

第 2 節　AI の種類と理論

　AI（人工知能）は、人のような知能をどのようにコンピュータ上で実現するのかをこの章では、説明します。この章で学習する AI を種類分けすると機械学習、ニューラルネットワーク、ディープラーニングという順で進化してきました。機械学習は、さらに 3 種類に分けられ、教師あり学習、教師なし学習、強化学習の 3 種類です。

図３−２に示すとおり AI の種類分け になります。次に、それぞれの AI について説明します。

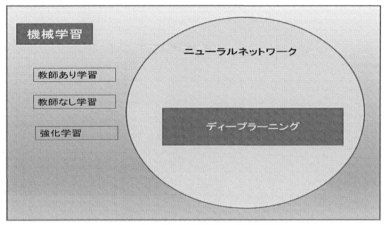

図3-2　AI（人工知能）の種類分け

1. 機械学習の概要と種類

　機械学習とは、名前のとおり、機械（コンピュータ）が自ら学習する仕組みを持っています。言い換えると、機械学習とは、人間がルールを与えるのではなく、AI 自身が与えられたデータからルールを作り出す技術のことです。

　AI が学習をするのは、データから学習するので、そのデータは人が与え、ルールも最初は人が与えることから始まります。機械学習では、人が与えたあまりよくないルールを人から与えられたデータをもとに自分で良いルールになるように調整します。

表１. AI の一般的な構築手順

①目的を決める	②データを集める	③データからルールを見つける	④ルールからモデルを決める
⑤追加データからルールの修正をします	⑥修正ルールからモデルを修正する	⑤と⑥を繰り返す	⑦精度の高い AI ができる

　機械学習には、３つの種類があり、
「 教師あり学習（Supervised Learning）」

「教師なし学習（Unsupervised Learning）」
「強化学習（Reinforcement Learning）」という 3 種類に分けられます。

　ChatGPT は、機械学習のディープラーニングの仕組みを使い、教師あり学習の中の「自己教師あり学習」（注 1）に基づいて訓練されたモデルです。

1）教師あり学習

　AI は、データから学習するが、そのデータの与え方で種類が異なってきます。教師あり学習では、AI にあらかじめ正解データを与え、そこからルールやパターンを自動で学習させる方法を取ります。ここでいう正解とは、分類や判断をするときにどちらを正解とするかの判断材料が含まれているデータのことを言います。例えば、AI に動物の中から 猫を判断させる場合、猫の写真（データ）を与えることを言います。この場合データの数は、何万枚という単位になります。このとき 猫でない動物についても写真（データ）を与えます。このとき区別が付くように例えば、猫のデータには 1 を付け、他の動物の写真には 2 を付けるようにします。別な例で説明すると、「みかんの選別を AI の教師あり学習で出荷を判別する。」場合、あらかじめ、みかんの画像を与えるときに、「出荷できるみかん」と「出荷できないみかん」を区別してデータを AI に与えます。学習時点で AI が画像判定をしてその画像が「出荷できるみかん」か「出荷できないみかん」の正解情報を与えて正しく判定できるように学習させます。こうして教師データを使って学習していく時期を学習フェーズと言います。学習フェーズは、教師データを使って AI が学習してルールを構築するフェーズです。

　＜教師あり学習の特徴＞

　教師あり学習とは、人間が問題と答えのデータを与えて、AI がそのデータを分析し、問題から正しい答えを導き出せるようにパラメータを自動調整するという仕組みです。例えば、画像認識の学習をさせるケースを考えましょう。

　この場合は、人の顔や車、犬といった画像を入力データとして与えて、

なおかつその画像の正しい答え（ラベル）も同時に与えるのです。

　そうすれば、AI は入力として与えられた画像のデータを学習して、未知の画像が入ってきた場合にも正しい答えを予測できるようにパラメータを調整し、与えられた答えをもとに AI（機械）がパラメータを自動調整するため、「機械学習」と呼ばれています。

　＜教師あり学習の種類＞

　教師あり学習には主に、回帰・分類　という手法があります。

　①回帰

　回帰とは連続した数値を予測することです。

　例えば、不動産の住宅規模データを与えられたときに、販売価格を予測します。

　②分類

　分類とは、あるデータを与えられたときに、それがどのクラスに属するものかを予測します。例えば、送られてきたメールを迷惑メールかそうでないかと分類するといったケースに役立ちます。

　（1）教師あり学習の利点

　教師あり学習は、多くのデータとそれに対応する答えを与えることで、正しい答えを予測できるようになるという利点があります。

　特に、近年の AI ブームは画像認識から始まっているのですが、人間がある画像に対して、「この画像は、このあたりの特徴からしてネコが写っている」というように分析を行い、結果を出すためのプログラムを作るのは非常に手間がかかります。

　AI を用いると、画像のデータ分析をコンピュータに任せることが可能になり、良質なデータでトレーニングを受けた AI であれば、人間と同じか、それ以上にデータの分類などを行わせることができます。

　データを与えられて正確に答えを導き出せるような問題については、教師あり学習はとても有用です。

　例えば、工場における機械の故障を予測するといったケースに適しています。

　過去のデータを分析すれば、どのような条件で機械が故障するのか、ある程度正確なことが分かっているからです。

（2）教師あり学習の活用事例

①回帰分析の活用事例

- 「駅からの距離」から「家賃」を予測
- 「広告費」から「ライブコンサートの来場人数」を予測
- 「広告宣伝費」から「売上」を予測

②決定木の活用事例

- 「購入履歴情報」から「購入者の特徴」を予測
- 「製品の要素」から「顧客満足度」を予測
- 「応答履歴」から「顧客セグメント」を予測

　ここで、（注 1）「自己教師あり学習」について、説明します。自己教師あり学習は、ラベルのないデータから学習タスクに有用な表現を得るための機械学習の手法です。自己教師あり学習では、ラベルの代わりにデータ自体から情報を抽出し、モデルを訓練します。自己教師あり学習は、データの特徴量を抽出し、モデルの訓練に利用できます。

2）教師なし学習

　前述の教師あり学習は、正解データや分類ルールが既知の場合に使用する AI の手法です。

　一方、教師なし学習は、正解が不明なデータを扱う際に利用されます。このように、明示的な正解が与えられないデータを扱う場合において、よく用いられる課題はデータのグループ化（クラスタリング）です。クラスタリングとは、教師なし学習を用いてデータをグループ化する手法です。言い換えると、教師なし学習では、正解（教師データ）を提供せず、入力されたデータから AI が自らパターンを抽出したり、共通するルールや特徴を見つけたりすることができます。たとえば、リンゴの種類分けを教師なし学習の AI で行う場合、学習用データとしてリンゴの画像を AI に読み込ませ、大きさや赤みなどの外観の違いに基づいて分類するデータを与えます。ここでは特に正解を示す情報は含まれません。AI は多くのデータから特徴を見つけ出し、パターンや共通点を自ら見つけ出し、グループ（クラスター）を形成します。このようなアプローチが教師なし学習です。

　従って、最終的な結果の解釈は人間が行う必要があります。

（1）教師なし学習の種類

　教師なし学習では、主に以下の3つのアルゴリズムが採用されます。

①クラスタリング

　クラスタリングは、データ間の類似度に基づいてグループ分けを行う手法です。階層的クラスタリングや非階層的クラスタリングなど、さまざまな種類があります。例えば、マーケティングの調査結果をクラスター分けして、さまざまな要素に細分化するためにクラスタリングが利用されます。

②異常検知

　異常検知は、データの中で異常な値を見つける手法です。異常なパターンは多岐にわたるため、すべての異常パターンを表現することは難しい場合があります。したがって、異常検知では、正常なデータのみを学習させ、それ以外を異常と判定できるように学習します。

③次元削減

　次元削減は、多次元のデータをより理解しやすい低次元のデータに要約する手法です。この手法は、教師あり学習の前処理として使用され、精度向上や計算時間の削減などの目的で次元を減らすことがあります。

（2）教師なし学習の事例

　教師なし学習は、さまざまな場面で活用されています。以下にいくつかの事例を挙げます。

①異常検知のモデル

　教師なし学習は異常検知のためのモデル作成に最適です。モデルは正常な状態からどの程度逸脱しているのかをデータ分析し、異常度を判定することができます。過去に異常が発生した事例が少ない場合でも、教師なし学習は教師あり学習よりも適しています。

②画像認識

　教師なし学習は画像認識にも利用されます。ラベルの付いていない大量の画像データを学習させることで、特定の画像に強く反応するようなニューロンを生成することができます。

③自動運転の開発

　自動運転の開発でも教師なし学習が活用されています。グループ化の精度を高めることで、大量のラベリングされたデータを必要とせずに対象を

認識するモデルを構築することが可能です。

　教師なし学習は、正解データやラベルのない状況でも有用な情報を抽出し、問題を解決するための手法として幅広く応用されています。

3）強化学習

　機械学習の 3 つ目の種類として「強化学習」があります。強化学習は、AI の性能を最大化するために、試行錯誤しながら学習する手法です。強化学習の特徴は、長期的な視点に立ちながら価値を最大化できることです。例えば、株の売買において利益を最大化するための提案に活用されます。また、ゲームにも適しており、長期的な視点で価値を提供することができます。

　強化学習では、ある状態におけるさまざまな行動のフィードバック評価を受け取り、より良い行動を自動的に学習します。教師あり学習と異なり、明示的な回答（教師データ）は与えられませんが、人間が行動の選択肢や結果に対するフィードバック（判定基準）を与えます。コンピュータはこのフィードバックをもとに試行錯誤を繰り返します。強化学習は、ルールが固定されており評価基準が与えられるような課題に適しています。

　強化学習の特徴は、「ある状態において次にどの行動をとるべきか」というルールを試行錯誤で導き出すことです。この試行錯誤の過程で、良い結果をフィードバック（報酬）として得ます。例えば、囲碁の名人に勝利した人工知能「AlphaGo」は、強化学習を使用したモデルです。

　強化学習の仕組みは次のようになります。エージェントが環境の中に置かれ、行動を起こします（例として、子供が自転車に乗る練習を始める）。エージェントの行動によって更新された状態と報酬をフィードバックします（最初は転んでしまうが、次第に乗るコツを掴む）。フィードバックを元に、エージェントの方策を修正します（乗るコツを掴んだら、練習精度を上げる）。一連の行動と環境の変化の中で、エージェントが再び行動を起こします（子供が転ばずに自転車に乗れるようになる）。

　強化学習は、環境との相互作用を通じて学習するため、長期的な視点や価値の最大化に対応することができます。

以下に強化学習の例を示します。

ゲーム開発	コンピュータ囲碁プログラムは世界トップ棋士に勝利したことで強化学習は有名となった ゲーム開発に強化学習は使用されている
自動運転	物体検知よるエンジン制御など自立走行可能な自動車にも強化学習は使用されている
株式投資	長期的な株式の値動きを予測して利益をもたらすAIツールにも強化学習が使用されている

２．ニューラルネットワーク

　ここでは、人間の脳の神経細胞（ニューロン）の仕組みをコンピュータ上のプログラムで再現した「ニューラルネットワーク」について説明します。ニューラルネットワーク（Neural Network: NN）は、人間の脳内の神経細胞（ニューロン）とその結びつき、つまり神経回路網を数式的なモデルで表現したものです。人間の脳は、多くの神経細胞が相互につながり、ネットワークを形成しています。ニューラルネットワークでは、神経細胞の代わりに人工的なニューロン（人工ニューロン）を使用しています。

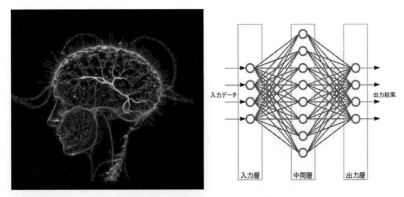

図3-3　人口ニューロンの概念図

参考文献（3-3）：生成 AI 作成イメージ図（Microsoft Bing イメージ生成 AI）

　人工ニューロンは、複数の信号（数値・入力値）を受け取り、その入力値に基づいて別の数値(出力値)を計算する「関数」と言えます。人工ニューロンは、複数の入力値を受け取り、それに対して特定の計算を行い、計算結果を数値として出力するように設計されています。

　人工ニューロンが受け取る入力値には「重み」と呼ばれる数値（係数）が乗算されます。重みは、脳の神経細胞における接続部分（シナプス）の強さに相当します。重みの値が大きい場合、情報の伝達が強まります。したがって、ニューラルネットワークでは、重みの値を変化させることによって、人工ニューロン同士の結合の強さを調整し、学習を行います。

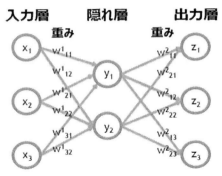

図 3-4　多層パーセプトロンのイメージ図

参考文献（3-4）：

ビジネス＋ IT (https://www.sbbit.jp/article/cont1/33345)

3. 深層学習（ディープラーニング）

　第 3 次人工知能ブームを起こしたのが深層学習（ディープラーニング）です。ディープラーニングは、人間の脳の仕組みをまねたニューラルネットワークの人工ニューロンの層を多層化して、10 層、20 層と深くしたものがディープラーニングで膨大な画像データから、写った対象物を認識します。2012 年 9 月に行われた画像認識の世界大会「ImageNet（イメージネット）」出場し、このコンテストで、カナダ・トロント大学のジェフリー・

ヒントン教授が率いるチームが、2位以下のチームを 10%以上引き離し、16.4%の誤認識率で優勝したのです。これにより、AI の第 3 次ブームが起こり、Google や Amazon などの企業が AI に人材を投入しました。

　ディープラーニングが高い性能をだせるのは、物が持っているさまざまな「特徴」を AI がみずから見つけ出すことができるようになったからです。どのような特徴に着目するかによって、AI の性能（答えの精度）は大きく変わります。

　ディープラーニング（深層学習）とは、大量のデータを機械に学習させることで、機械が人間のように判断できるようにするにはどのパラメータに着目すべきかを学習させる人工知能技術のひとつです。ディープラーニングのアルゴリズムは、大まかにディープニューラルネットワーク（DNN）と畳み込みニューラルネットワーク（CNN）、再帰型ニューラルネットワーク（RNN）の 3 種類があります。ディープラーニングの説明をするのに必要な用語をまず、解説します。

　＜AI の専門用語＞

・パーセプトロン：複数の入力を受け取り、1 つの出力を返すもので、パーセプトロンの中に条件があり、それにより判定結果として 0 または 1 を出力します。

・重み：重みとはニューラルネットワーク上で結合の強みを表しています。

・モデル、機械学習のモデルとはコンピュータが分かる形の入力値を受け取り、何頭の評価・判定をして出力値を出すものです。

・バイアス：バイアスとはニューラルネットワークが持つ独自性のようなもので値を偏らせるために使用します。

・活性化関数：活性化関数とはあるニューロンから次のニューロンへと出力する際に、あらゆる入力値を別の数値に変換して出力する関数です。

・隠れ層：隠れ層とは、ニューラルネットワークの層の 3 つの層の 1 つです。また、隠れ層は複数の層を持つことができ、特に深い隠れ層を持つものを深層学習（ディープラーニング）と呼ばれます。

・特徴量：特徴量とは、学習データにどのような特徴があるかを数値化したものです。

・モデル：パラメータを持つ関数のこと。ここでは、数式の種類に入ることが多い。

ディープラーニングの概念図(画像認識の例)

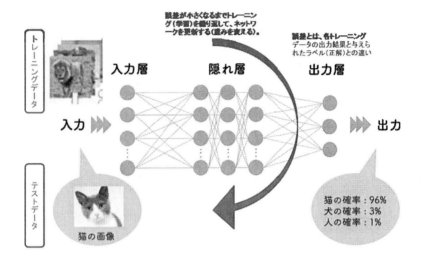

図3-5　ディープラーニングの処理プロセス

引用文献（3-5）：AINOW
https://ainow.ai/2019/08/06/174245/

　従来の機械学習では人間があらかじめ特徴量を与えるので、どの特徴量がよりよいモデルに貢献したかが目に見えましたが、ディープラーニングでは、ブラックボックスとなっており分かりません。隠れ層を追加したらよい結果になったが、理由が分からないということが発生するので、AIが学習するということは、具体的にはどういうことかを表現すると、AIはモデル（関数）を持っていますが、関数に使うパラメータを調整することによって良い結果が得られます。ディープラーニングは、この関数のパラメータを自分で調整することができる。言い換えると、学習データから良い結果が出せるパラメータを探すことを言います。

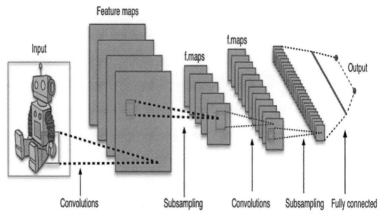

図 3-6　畳み込みニューラルネットワーク概念図

引用文献（3-6）：５分でわかるディープラーニング
https://atmarkit.itmedia.co.jp/ait/

　畳み込みネットワーク（Convolutional Neural Network、CNN）は、主に画像処理に使用されるディープラーニングのアルゴリズムです。CNN は、その特徴抽出とパターン認識の能力において非常に優れています。画像認識の分野で広く使用されており、顔認証システムや自動運転などの分野で利用されています。畳み込みネットワークは、主に 3 つの主要なコンポーネントで構成されています。それらは畳み込み層（Convolutional layer）、プーリング層（Pooling layer）、そして全結合層（Fully Connected layer）です。

　畳み込み層は、画像の特徴を抽出する役割を果たします。畳み込み層は、入力画像をフィルター処理することで、特徴量を抽出します。フィルターは、画像の特徴を捉えるために設計された重みとバイアスの組み合わせです。畳み込み層は、入力画像のサイズをそのまま維持しながら、特徴量を抽出することができます。

　プーリング層は、畳み込み層の出力を縮小することで、画像の解像度を下げます。プーリング層は、画像の特徴量を保ちながら、ノイズを除去することができます。

　最後に、全結合層は、特徴マップから抽出された特徴を使用して、最終的な予測を行います。全結合層は、プーリング層の出力を入力として受け取り、分類を行います。入力画像の特徴量を重みづけして、最終的なクラスを予測します。この層は、通常、多層パーセプトロン（Multi-Layer Perceptron）と呼ばれる全結合ネットワークです。全結合層は、畳み込みとプーリングの段階で抽出された特徴を組み合わせ、最終的なクラス分類や回帰などのタスクを実行します。

　CNN は、その特徴抽出の能力と階層的な構造によって、画像認識、物体検出、セグメンテーションなどのタスクで優れた性能を発揮します。これらのネットワークは、画像データに対して局所的な情報処理を行うことができ、パターンの階層的な構造を捉えることができます。

参考文献（3-7）：

アイマガジン | i Magazine | IS magazine より、著者 | 植田 佳明

https://www.imagazine.co.jp/

　では、生成 AI はどういう種類の AI なのかを説明します。ChatGPT の場合は、ディープラーニングに基づく機械学習の一種です。ChatGPT は自然言語処理タスクを処理するために設計されたモデルであり、大規模なテキストコーパスから学習されたニューラルネットワークを使用しています。

　また、ChatGPT は「教師あり学習」の一形態で、訓練時に大量のテキストデータを入力し、そのデータに基づいてモデルがパターンを学習します。つまり、ディープラーニングの仕組みを使い、教師あり学習で訓練と学習をします。

第 3 節　AI とデータサイエンス

　データサイエンス（Data Science）は、データを活用して科学的な知見や社会的な洞察を得るためのアプローチであり、それに用いられる手法です。情報科学、統計学、アルゴリズムなど、さまざまな領域を横断的に結

びつけます。データサイエンスは、科学的な手法、プロセス、アルゴリズム、システムを用いて、さまざまなデータから洞察や知見を引き出す分野です。特に AI の開発においては、データサイエンスが重要な役割を果たします。

1）データサイエンティストの典型的な職務

　データサイエンティストは、従来は主にデータの統計分析を行う専門家でしたが、最近ではその範囲が広がり、数学、統計学、データ分析など、多様なスキルが求められるようになりました。また、AI によるビッグデータ分析の需要も高まっており、機械学習やディープラーニングなどの AI に関するスキルも不可欠とされています。データサイエンティストの役割も変化しており、企業側も単にデータの統計分析を行うだけのデータサイエンティストには魅力を感じなくなっています。現在のデータサイエンティストは、従来からの主にデータの統計分析を行う専門家から、最近ではその範囲が広がり、数学、統計学、データ分析など、多様なスキルが求められるようになりました。また、AI によるビッグデータ分析の需要も高まっており、機械学習やディープラーニングなどの AI に関するスキルも不可欠とされています。データサイエンティストの役割も変化しており、企業側も単にデータの統計分析を行うだけのデータサイエンティストには魅力を感じなくなっています。

　現在のデータサイエンティストは大きく 2 つに分けられます。一つは先端技術の研究開発に取り組むデータサイエンティストであり、もう一つはビジネスの課題を解決し、ビジネスの KPI 向上を目指してデータ解析を行うデータサイエンティストです。

　データサイエンティストの役割は、組織によって異なることもありますが、一般的には以下のような業務を担当することが多いです。

- ・統一性のない大量のデータを収集し、より利用しやすい形式に変換すること
- ・ビジネスの課題をデータ主導の手法を用いて解決すること
- ・SAS、R、Python を含む様々なプログラミング言語を使用すること
- ・統計情報を適切に理解すること（統計的検定や統計的分布を含む）
- ・最新の分析手法の動向を把握すること（機械学習、ディープラーニング、

テキスト分析など）
・IT 部門や業務部門とのコミュニケーションや協力を行うこと
・データに潜むパターンや規則性を発見し、ビジネスの最終的な利益に
　貢献する傾向を特定すること

2)　データサイエンティストに求められるスキル

データサイエンティストに求められるスキルを分類して表に示します。

表 3 - 2　データサイエンティストのスキル分類表

分類	スキル
データ処理	データ収集・クレンジング・変換・結合・集計
プログラミング	Python、R、SQL、Java などのプログラミング言語
統計分析	統計的検定、回帰分析、時系列分析、因果推論
機械学習	教師あり学習、教師なし学習、強化学習、特徴選択・抽出
ディープラーニング	ニューラルネットワーク、畳み込みニューラルネットワーク、リカレントニューラルネットワーク
ビッグデータ技術	Hadoop、Spark、NoSQL データベース
データ可視化	データグラフ化、ダッシュボード作成、可視化ツールの使用
自然言語処理	テキストマイニング、情報抽出、文書分類
コミュニケーション	プレゼンテーション、報告書作成、チームワーク、ビジネス理解
ドメイン知識	業界やビジネスに関する知識、ドメイン特有のニーズ理解

3)　AI とデータサイエンスの関係

AI を扱うデータサイエンティストは、大量のデータを加工して分析や
科学計算を行います。毎回プログラムを作成するのは効率が悪いため、
効率化を図るためのライブラリを作成しています。Python のライブラリ
を使用することが一般的であり、以下に主ライブラリを紹介します。
・NumPy（ナンパイ）：基本的な配列処理や数値計算を行うライブラリで、
　高度で複雑な計算が可能です。データ分析において基本的なライブラ
　リとして使用されます。
・SciPy（サイパイ）：NumPy をさらに機能強化するライブラリで、統

計や信号処理などが可能です。
・Pandas（パンダス）：データフレーム形式でさまざまなデータを加工
するためのライブラリです。
・Matplotlib（マットプロットリブ）：データをグラフ化するためのライ
ブラリです。
　これらのライブラリは、データの前処理や可視化に便利なツールであ
り、多くのライブラリの基盤となっています。例えば、機械学習の Scikit-
Learn もこれらのライブラリを基にしています。Scikit-Learn は Python
のオープンソース機械学習ライブラリであり、個人や商用利用に無料で利
用できます。
　Scikit-Learn は現在も活発に開発が行われており、インターネット上
で情報を入手することが容易です。多くの機械学習アルゴリズムが実装
されており、共通の書き方で利用することができます。また、サンプル
のデータセット（トイデータセット）も提供されており、インストール
後すぐに機械学習を試すことができます。Scikit-Learn を使用するため
には、Anaconda などの開発環境のパッケージを利用すると簡単です。
Anaconda は、Python でよく使用されるライブラリを含んだ開発環境で
あり、Scikit-Learn も含まれています。したがって、Anaconda を導入す
るだけで簡単に Scikit-Learn を利用することができます。

4）データの分類

　機械学習、広い意味では、データサイエンス /AI なども含めて、与えら
れる課題は与えられるデータの形式によって大きく次の 4 つに分類される。
　①テーブルデータ
　②時系列データ
　③画像データ（広くは、動画、音声、波形などを含む）、
　④テキストデータ / 自然言語（英語、日本語、その他の言語が含まれる）
　　最近は、これらの異なる形式のデータを統合的に扱う技術が進展して
　　きています。

5）データサイエンスで行われる様々な処理

①データの読み取り

データの種類（量的変数、質的変数）

データの分布（ヒストグラム）と代表値（平均値、中央値、最頻値）代表値の性質の違い（実社会では平均値＝最頻値でないことが多い）データのばらつき（分散、標準偏差、偏差値）

観測データに含まれる誤差の扱い，打ち切りや脱落データ、層別のデータ

相関と因果（相関係数、擬似相関、交絡）

母集団と標本抽出（国勢調査、アンケート調査、全数調査、単純無作為抽出、層別抽出、多段抽出）クロス集計表、分割表、相関係数行列、

散布図行列統計情報の正しい理解（誇張表現に惑わされない）

②データの説明

データの表現（棒グラフ、折線グラフ、散布図、ヒートマップ）データの図表表現（チャート化）

データの比較（条件を揃えた比較、処理の前後での比較、A/B テスト）不適切なグラフ表現（チャートジャンク、不必要な視覚的要素）

優れた可視化事例の紹介（可視化によって新たな気づきがあった事例など）

③データの操作

データの集計（和、平均）、データの並び替え、ランキング

データ解析ツール（スプレッドシート）、表形式のデータ（CSV）

（参考文献 3-8）：

「数理・データサイエンス・AI（リテラシーレベル）モデルカリキュラム〜データ思考の涵養〜」数理・データサイエンス教育強化拠点コンソーシアム

http://www.mi.u-tokyo.ac.jp/consortium/pdf/model_literacy.pdf

追加報告：筆者が勤務する埼玉学園大学が、２０２３年８月に文部科学省の「数理・データサイエンス・ＡＩ教育プログラム認定制度（応用基礎レベル）」に認定されました。

＜第3章　参考文献＞ ————————————————————

文献（3-1）：東京大学 松尾教授の講演資料を参考に作成（2016 年）

文献（3-2）：「人工知能は人間を超えるか、ディープラーニングの先に
　　　　　　あるもの」松尾豊著 2015/03

文献（3-3）：生成 AI 作成イメージ図（Microsoft Bing イメージ生成 AI）

文献（3-4）：ビジネス＋ IT
　　　　　　（https://www.sbbit.jp/article/cont1/33345）

文献（3-5）：AINOW　　　　https://ainow.ai/2019/08/06/174245/

文献（3-6）：5分でわかるディープラーニング
　　　　　　https://atmarkit.itmedia.co.jp/ait/

文献（3-7）：アイマガジン｜ i Magazine ｜ IS magazine
　　　　　　著者　植田 佳明
　　　　　　https://www.imagazine.co.jp/

文献（3-8）：「数理・データサイエンス・AI（リテラシーレベル）モデ
　　　　　　ルカリキュラム〜 データ思考の涵養 〜」数理・データサ
　　　　　　イエンス教育強化拠点コンソーシアム
　　　　　　http://www.mi.u-tokyo.ac.jp/consortium/pdf/model_
　　　　　　literacy.pdf

第4章
生成 AI による業務効率化と事例

ーシステム開発での活用を考えるー

　第 2 章で、事務部門の業務効率化と業務改革の方針を考えましたので、この章では、生成 AI の活用で、情報システム開発に関する業務を対象に生成 AI の活用による業務効率化を考えます。

　自然言語系生成 AI の中で、既に実績のある ChatGPT を対象にその活用方法を検討しました。ChatGPT は多くのケースで企業の仕事を効率化させることができますが、本章では、第 1 節では、ChatGPT が利用可能ないくつかの米国での活用例を示します。第 2 節では、「生成 AI で変わるシステム開発とプログラミング開発」と題して、システム開発やプログラミン開発における生成 AI の活用を紹介します。第 1 節では、ChatGPT が利用可能ないくつかの米国での活用例を示します。また、システム開発での文書作成での活用を考えます。第 3 節では、プログラミングでの活用として ChatGPT によるプログラム作成と人による作成を比較しました。第 4 節では、企業の自社情報の情報漏洩を防ぐ、日本で開発された ChatGPT を活用するアプロケーション事例を 2 つ紹介します。

第 1 節　米国企業での ChatGPT 活用例

　本節では、最初に、米国での ChatGPT の活用事例として、１１種類の

業務について紹介します。

　1. カスタマーサポート：ChatGPT は、カスタマーサポートの自動化に役立ちます。例えば、FAQ を自動的に回答するボットを作成し、カスタマーサポートの担当者をサポートするためにトレーニングすることができ、迅速で的確な対応が可能となり、お客様満足度の向上に繋がります。

　2. 自然言語処理：ChatGPT は、自然言語処理タスクに使用することができます。業務効率の向上や、作業時間の削減が可能となります。

　3. マーケティング：ChatGPT は、マーケティング活動に役立ちます。例えば、メールやソーシャルメディアの自動応答ボットを作成し、顧客の質問に対して迅速で正確な応答を提供することができます。また、顧客のニーズや嗜好を分析することで、効果的なマーケティング戦略を策定することができます。

　4. ビッグデータ分析：ChatGPT は、ビッグデータ分析にも役立ちます。例えば、大量のテキストデータを分析して、意見や感情を抽出することができます。また、企業が保有するデータからパターンやトレンドを発見することができます。これにより、企業の意思決定に役立ちます。

　5. リクルートメント：ChatGPT は、人材採用に役立ちます。企業が保有する関連データから、求職者のスキルや経験を分析することができます。これにより、求職者とのリクルートメントを自動化し、リクルートプロセスを効率化することができます。また、ChatGPT を利用して、求職者との自動面接を行うことができます。このようなシステムを導入することで、人事部門の業務効率化や、採用プロセスの改善が期待できます。また、従業員の評価やフィードバックも ChatGPT を使用して自動化することができます。

　6. エンターテイメント：ChatGPT は、エンターテイメント業界にも活用されています。例えば、アーティストの会話を自動生成することができ

ます。また、テレビ番組や映画の脚本の自動生成にも使用されています。これにより、エンターテイメント制作者は、より迅速にストーリーやコンテンツを作成することができます。

7. 健康医療：ChatGPT は、健康医療業界にも役立ちます。例えば、ChatGPT を使用して、医師や患者の質問に自動的に回答することができます。また、ChatGPT は、診断支援システムや医療スタッフのより迅速で正確な診断や治療を提供することができます。

8. 金融：ChatGPT は、金融業界でも活用されています。例えば、ChatGPT を使用して、顧客の質問に自動的に回答することができます。また、ChatGPT は、詐欺検知システムの開発にも使用しています。これにより、金融機関は、より高度な顧客サービスを提供し、詐欺行為を検知することができます。

これらは、ChatGPT が活用される可能性のある例ですが、その他にも多くの事例があります。企業や業界に応じて、適切な利用方法を見つけることが重要です。以下に ChatGPT が製造業や物流、在庫管理などの業務に役立つ事例をいくつか紹介します。

9. 製造業：ChatGPT を使用して、製造プロセスの問題を自動的に検出することができます。製造プロセスの最適化にも使用されます。これにより、製品の品質向上や生産効率の向上が期待できます。

10. 物流：ChatGPT を使用して、プロセス物流を最適化することができます。例えば、輸送ルートの最適化や在庫管理の最適化に使用されます。また、ChatGPT は、配達予測の改善や追跡が可能となり、物流業界は、より迅速で正確なサービスを提供することができます。

11. 在庫管理：ChatGPT を使用して、在庫管理を自動化することができます。例えば、ChatGPT を使用して、在庫の受注量や在庫の種類に応じて、

在庫を最適化することができます。また、ChatGPT は、在庫の移動や発注の自動化にも使用されています。これにより、企業は、在庫管理の負荷を軽減し、より迅速で正確な在庫管理を実現することができます。

　以上のように、ChatGPT は、製造業や物流、在庫管理などの業務にも役立つことができます。ただし、業務に応じて、ChatGPT の活用方法は異なるため、企業が独自に最適な利用方法を見つけることが重要です。

第 2 節　生成 AI で変わるシステム開発

　この節では、システム開発やプログラミングの業務効率化について考えたいと思います。

1. システム開発プロセスでの生成 AI の活用

　システム開発は、規模や種類によってさまざまな要素があります。そこで、第 2 章の第 2 節で取り上げた『生成 AI による仕事の変化と業務改革の方針』に基づき、システム開発のプロセスにおける生成 AI の活用を検討しました。その対象として、製造販売一貫した SCM を持つ会社のシステム構成を対象に、システムの一部を開発する前提で、システム開発やプログラミングの業務効率化を生成 AI によって検討しました。

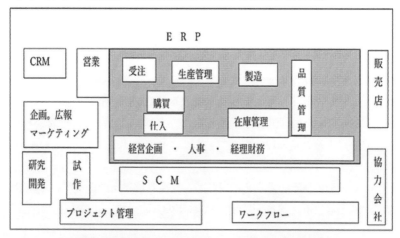

図 4-1　製造販売会社の一貫した SCM のシステム構成図

　システム開発では、開発手法として、ウォーターフォールモデルやアジャ
イルモデル、スパイラルモデル、プロトタイピングがありますので、これ
について簡単に説明します。

　情報システム開発には、さまざまな手法や手順があります。

　ウォーターフォールモデル：開発プロセスを直線的に進める手法で、要
　　件定義、設計、開発、テスト、導入などのフェーズを順次実行します。

・アジャイル開発：反復的で柔軟な手法で、短い期間で小さな成果物を
　作り出し、顧客のフィードバックを取り入れながら開発を進めます。

・スパイラルモデル：ウォーターフォールモデルとアジャイル開発の特
　徴を組み合わせた手法で、リスクの管理と進化的な開発を行います。
　開発フェーズを螺旋状に繰り返し、各フェーズでリスクの分析と評価
　を行います。

・プロトタイピング：早期に試作品（プロトタイプ）を作成し、ユーザー
　のフィードバックを得ながら要件を明確化していく手法です。短期間
　での開発や要件の変更に適しています。

　本書の目的は、業務効率化を目指すことですからこの中で作業工数が重
要な要素と思われますので、これについて「ウォーターフォールモデル」
を対象に分析します。

　ウォーターフォールモデルの開発プロセスにおいて、各フェーズの作業
工数の割合はプロジェクトや業種によって異なる場合があります。以下は
一般的な目安としてプロジェクトにおける各フェーズ（工程）作業の割合
を示します。

　要件定義（Requirements Definition）：
　　プロジェクト全体の要件を明確化するフェーズです。工数の割合は通
　　常、10 〜 20%程度とされています。担当：User（ユーザー）と SE（シ
　　ステムエンジニア）

　設計（Design）：
　　システムのアーキテクチャや詳細設計を行うフェーズです。工数の割
　　合は通常、20 〜 30%程度とされています。

担当：SE（システムエンジニア）

開発（Development）：

ソフトウェアのコーディングやプログラミングを行うフェーズです。工数の割合は通常、30 〜 40%程度とされています。

担当：PG（プログラマー）

テスト（Testing）：

システムやソフトウェアの品質を確認するフェーズです。工数の割合は通常、20 〜 30%程度とされています。

担当：User、SE、PG

導入（Deployment）：

システムを実際に運用環境に導入するフェーズです。工数の割合は通常、10 〜 20%程度とされています。

担当：User、SE

　本書で検討するにあたり、このシステム開発の規模を 6 か月間として、スケジュールを下記のように仮定します。

表 4-1　情報システムプロジェクトの開発スケジュールと工数の例

要件定義 1 か月	設計 1 か月	開発 2 か月	テスト 1 か月	導入 1 か月	合計 6 か月
User, SE	SE2 名	PG2 名	User, SE, PG	User, SE, PG	
2 人月	2 人月	3 人月	3 人月	3 人月	13 人月

　注）人月とは、作業工数を示す単位で、人のワーカーが 1 ヶ月を費やしてこなせる工数＝作業量を 1 人月と言います。1 ヶ月間に働く人数を示します。（1人月は、1 日 8 時間×平日 20 日間の合計 160 時間と換算します）

　では、このプロジェクトで、生成 AI を使える部分は、どこなのでしょうか？これを検討するには、まず、それぞれのフェーズでのアウトプット（成果物）を整理して、対象にする作業を決めます。以下に作業工程とその成果物を記述します。

　1）要件定義（Requirements Definition）：

プロジェクトの目的と目標が明確にされた要件定義書

システムの機能や性能要件が明確にされた要件仕様書

２）設計（Design）：

システムのアーキテクチャや構成が示されたシステム設計書

インターフェースや画面の設計が示された画面設計書

データベースの設計やデータモデルが示されたデータベース設計書

３）開発（Development）：

ソースコードやプログラムの作成

ソフトウェアの機能が実装されたソフトウェアコンポーネント

４）テスト（Testing）：

テストケースやテストシナリオが含まれるテスト計画書

テスト結果や不具合報告がまとめられたテストレポート

テストを通過したシステムやソフトウェアのリリース候補

５）導入（Deployment）：

システムの導入計画やリリース手順が示された導入計画書

導入作業の完了を示すリリースノート

実際の運用環境に展開されたシステムやソフトウェアの稼働状態

2. システム開発の文書作成における生成 AI の活用

　前述のフェーズごとの文書成果物の中で、生成 AI を利用しやすい業務を選びます。その選定方法としては、「文章（テキスト）にするもの」及び「口頭での打合せを文章（テキスト）に変換できるもの」を選びました。

　この条件を満たす書類は、次のものとなります。（　）は 6 か月のプロジェクトを対象にした場合の各プロセス工数

生成 AI が活用できる作業

・要件定義書（作成に 2 人月）
・システムの機能や性能要件が明確にされた設計仕様書（作成に 2 人月）
・開発工程のソースコードやプログラムの作成（作成に 3 人月）
・テストケースやテストシナリオが含まれるテスト計画書・テスト仕様書
　（作成に 3 人月）

システム開発プロジェクトで成果物として、作成する要件定義書（作成に2人月）、設計仕様書（作成に2人月）、プログラム作成（作成に3人月）、テスト計画書・テスト仕様書（作成に3人月）の4つの工程について、生成AIの活用により、大きな効果が期待できると考えます。これを順に説明します。

1）要件定義書の作成に生成AIを活用
　要件定義書には、下記の項目があります。
（1）システムの概要や目的と範囲
（2）機能要件
　　　システムが提供する主要な機能の詳細な説明
　　　機能間の関係と依存関係やユーザーの操作フローとシステムの応答とデータ要件
（3）システムで扱うデータの種類と属性
　　　データの入力と出力の要件、データの保存と保管要件、セキュリティ要件
（4）アクセス制御と権限管理の要件
　　　データの保護と機密性の要件、セキュリティポリシー、パフォーマンス要件
（5）システムの処理速度と応答時間の要件
　＜業務効率化の考察＞
　要件定義を作成する場合、従来システムの理解や変更点、及びユーザーからSEが新しいシステム化要求を聞いて要求としてテキスト化する時間が大半を占めると思われます。
　＜対応策＞
　打合せの録音をテキスト化し、そのテキストを生成AIにかけて要件定義書のたたき台を作成する。期待効果：約20時間
　備考：録音ファイルをテキストに変換するために使用できるいくつかのツールやサービスがあります。以下は一部の例です。
　・音声認識ソフトウェア：音声をテキストに変換するための専用ソフトウェアがあります。例えば、Dragon NaturallySpeaking、Google

Cloud Speech-to-Text、Microsoft Azure Speech to Text などが挙げられます。

・オンライン音声認識サービス：オンラインで利用できる音声認識サービスもあります。Google Cloud Speech-to-Text や IBM Watson Speech to Text、Amazon Transcribe などがその例です。これらのサービスは API を提供しており、録音ファイルをアップロードしてテキストに変換することができます。

・録音アプリやデジタルボイスレコーダーの機能：一部の録音アプリやデジタルボイスレコーダーには、音声をテキストに変換する機能が備わっている場合があります。これらの機能を使うことで、録音ファイルを直接テキストに変換することができます。

2）要件仕様書の作成に生成 AI を活用

要件仕様書には、下記の項目が必要です。

（1）機能要件

システムが提供する主要な機能の詳細な説明

機能間の関係と依存関係

ユーザーの操作フローとシステムの応答とデータ要件

（2）システムで扱うデータの種類と属性データの入力と出力の要件

データの保存と保管

要件インターフェース要件

（3）ユーザーインターフェースの要件とデザインガイドライン

システム間のインターフェースとデータのやり取り要件

＜業務効率化の考察＞

要件仕様書を作成する場合、①従来システムの変更点をまとめる②ユーザーからの新しいシステム化要求をまとめる

＜対応策＞

上記の①と②について、録音及び資料からテキスト化し、生成 AI で要件仕様書のたたき台を作ることができます。打合せの録音をテキスト化し、そのテキストを生成 AI にかけて要件仕様書のたたき台を作成します。

期待効果：15 時間から 30 時間の削減

3）プログラム仕様書作成とプログラミングに生成 AI を活用

プログラム仕様書に記入すべきことは、以下の事項になります。

（1）概要とアーキテクチャ

　　ソフトウェアの概要と目的

　　アーキテクチャの設計とコンポーネントの構成

　　システムのモジュールやレイヤーの説明機能仕様からプログラミング

（2）機能間の関係とデータの流れ

　　ユーザーインターフェースとの対話と操作

　フローデータ処理とアルゴリズム

（3）データの入力と出力の処理手順データの保存と取得方法

　　使用されるアルゴリズムとデータ構造の説明

　　エラーハンドリングと例外処理

（4）プログラムコード作成

　　プログラム仕様書に沿ったプログラミング

（5）エラーと例外の種類と処理方法

　　エラーメッセージやログの出力要件エラー回復と復旧の手順

　　プログラム作成とアウトプットの検証

＜業務効率化の考察＞

プログラム仕様書は、要件仕様書を分析して情報を追加して作成する

①従来システムの変更点をプログラム仕様書にまとめる

②ユーザーからの新しいシステム化要求をプログラム仕様書にまとめる

③生成 AI でプログラム作成

＜対応策＞

このプログラム仕様書の作成について、要求仕様書に情報を追加して生成 AI に入力すればプログラム仕様書のたたき台を作ることができます。

期待効果：30 時間から 80 時間

（プログラムの汎用性や特殊性により大きく異なる）

4）テスト計画書作成に生成 AI を活用

テスト計画書には、下記の事項を記載することが一般的です。

（1）テストの目的と範囲

　　テストの目標とカバレッジ範囲

　　テストすべき機能とシナリオの識別

　　テストの制約条件とリソースの確保

（2）テストケースとデータ

　　テストケースの作成と識別

　　テストデータの作成と準備

　　テストデータのカバレッジとバリエーションテストの手法と環境

（3）テストの手法やアプローチの選択テスト環境の構築とセットアップ

　　必要なテストツールやリソースの確保テスト実施と結果評価

（4）テストの実施スケジュールと担当者テスト結果の収集と記録

　　バグの追跡と優先順位付けテストの目的と範囲

　　テストすべき機能とシナリオの識別テストの制約

＜業務効率化の考察＞

　テスト計画とテスト仕様書は、要件仕様書やプログラム仕様書を基に作成したプログラムをテストするので、この元となる仕様を満たしているかをテストすることになります。

＜対応策＞

　テストケースの作成は、要求仕様書に基づいたテキストを生成 AI に入力して、テストケースの案ができます。プログラム仕様書を生成 AI に入力してテスト仕様書のたたき台ができるので、これを人が確認することになります。

期待効果：25 時間の削減

　以上がシステム開発における生成 AI の活用が容易に期待できる文書作成のユースケースになります。

　以下にシステム開発における文書作成の業務効率化を 4 つの種類ごとにまとめて、表を示します。

表4-2：システム開発工程での生成AI活用による業務効率化の期待効果

種類	対応策	期待効果
1. 要件定義書の作成	打合せの録音をテキスト化し、生成AIにかけて要件定義書のたたき台を作成する	約20時間の削減
2. 要求仕様書の作成	従来システムの変更点とユーザーからの要求を録音・資料からテキスト化し、生成AIで要求仕様書のたたき台を作成する	約15時間の削減
3. プログラム仕様書の作成	要件仕様書に情報を追加し、生成AIに入力してプログラム仕様書のたたき台を作成する	30〜80時間の削減
4. テスト計画とテスト仕様書の作成	要求仕様書をテキスト化し、生成AIに入力してテスト計画の案を作成し、プログラム仕様書を生成AIに入力してテスト仕様書のたたき台を作成する	25時間の削減

　上記の表は、システム開発期間が6か月程度（合計13人月）の中規模システムの開発を仮定して検討をおこないました。業務効率化の候補として、4つのプロセスを選定して、要件定義書（作成に1人月）、要求仕様書（作成に1人月）、プログラム仕様書（作成に3人月）、テスト計画書・テスト仕様書（作成に1人月）を対象に生成AIを活用する適用方法を考えて、効果を大まかに計算すると、

　期待効果合計 90時間から140時間の削減ができる可能性を導き出しました。

　今回、これは、提案段階であり、実際のプロジェクトでの検証はされていないのですが、十分に効果が期待できると考えています。

　この他にも、検討の余地があると考えられますので、是非、システム開発者の皆さんは、前向きに取り組んで頂ければと思います。

第3節　AIシステムのプログラム作成（生成AIと人との比較）

　この節では、プログラミングでの活用としてChatGPTによるプログラム作成を検討しました。その検討方法として、プログラム内容を決め、まず、人によるプログラム作成を行い、そのプログラムの内容と稼働に問題ないことを確認し、生成AIでの作成と比較しました。

　生成AIを活用して、プログラム開発の効率化を考えるときに、どういう作業プロセスに適用すると効果が出やすいかが、重要な点になります。著者のシステム開発の経験と生成AIの能力を加味して検討した結果、以下のプロセスでの適用で効果が得られると考え試行しました。

1）プログラム作成の構想やアルゴリズムを考えるケース
　　AIの場合は、どのライブラリが良いか、要件の近いプログラム構成を参考にできます
2）プログラミングで使用する
　　要求仕様からよく似たプログラムを探すことができます
3）バグの修正
　　プログラミングでのミス（バグ）を探し出し、修正するといった使い方が生成AIでできると考えます。バグを探し出すケースは、人が作成したプログラムを生成AIのプロンプトに入れて、バグ（間違い）を探します。

　本書では、上記のケースの1）と2）のケースを実際に実施してみました。3）この実験で具体的に選んだ内容としては、「**AIで顔認証をするシステム**」を使って生成AIと人が作成するシステム開発とPythonのプログラミングについて、業務効率化に役立つかを検討しました。

　この実験に使用するのは、AIに関する共同研究者である田中久司氏と開発した「AIによる顔認証」と「顔認証して、音声で応答するAIのシステム」ですので、これについて説明します。

1. 画像 AI システム構築の例（機能の説明）

＜画像認識（顔認証）AI の実装＞

ここでは画像 AI の分野でも実用性の高い顔認証の AI の実装を行うことにします。顔認証は、予め保存されている個人の顔データと認証中の顔画像とを照合し、その人物が誰であるかを識別する技術です。スマートフォンのロック解除や入退室管理など、セキュリティが求められる分野で広く使われています。ここでの実装にはプログラミング言語として python を使い、顔認証に特化した dlib ベースの顔認証ライブラリ face_recognition を使います。

①顔認証ライブラリ face_recognition

② Face Recognition のステップとアルゴリズム

Face Recognition の手順は次の 4 ステップです。

これらの各ステップで使用されているアルゴリズムを簡潔に説明します。

ステップ1　画像の中の顔を見つけ出す

ステップ2　各顔の特徴を分析する。顔の向きや配置の修正 (alignment: 整列、揃えること)

ステップ3　顔のエンコーディング（顔の特徴と比較する）

ステップ4　顔の識別をする（エンコーディングされた顔画像から人の名前を見つけ出す）

顔認証と音声で応答する AI のシステム構成

・機能：事前に登録した人と登録していない人を判別して、音声で応答する。

・機器：Web Camera とスピーカー内蔵の PC

・使用ソフト：python、OpenCV、face-recognition1.3.0(Adam Geitgey により開発されたライブラリ)

・事前準備：複数人の顔が写った画像を用意する。

・システム開発環境の構築：

dlib と face_recognition のインストール conda install –c menpo dlib

＜実装（Python プログラミング）＞

```
import face_recognition import cv2
import numpy as np import win32com.client
sapi = win32com.client.Dispatch("SAPI.SpVoice")
```

　上記の内容で、生成 AI によるプログラム作成と人によるプログラム作成を行い、業務の効率化を試みました。実験として、まず上記の条件で、Python プログラム作成の経験のある人に作ってもらいました。（調査時間　2 時間　作業時間　4 時間　合計　6 時間）このプログラムと同じ要件で生成 AI での作成を行いました。

2. 生成 AI によるプログラム作成

　顔認証 AI について、知識が少ない人が ChatGPT に、聞くことを前提として、プロンプトを作成してみました。よって、最初は、「AI による顔認証」プログラムを作る手順を聞いてみました。

　　　---------- プロンプト ----------
　「AI による顔認証」のプログラムを作りたいのです。まず、「顔認証の AI」を使ったシステムを開発する、手順として、何が必要でしょうか？
　　　------------　End　----------------

　1 回目のプロンプトに対する回答です。期待どおり、AI システムの入開発手順も含めて、説明してくれています。プロンプト入力してから、1 分くらい考えてから回答を開始しました。

　　　----------　回答　------------
　「顔認証の AI」を使ったシステムを開発するには、以下の基本的な手順が必要です。
　　1. プロジェクトの定義と目的の設定
　　最初に、開発するシステムの目的と範囲を定義します。どのような

用途で顔認証を使用するのか、どのような機能が必要なのかを明確に
しましょう。例えば、セキュリティアクセス制御、顔認識に基づくロ
グインシステムなどが考えられます。

2. データ収集と前処理

顔認証システムを開発するには、予め保存された個人の顔データが
必要です。このデータを収集し、各個人ごとに顔画像を準備します。
データ収集時には、異なる角度や照明条件での画像も収集すると認識
の性能が向上します。

3. ライブラリの選定

顔認証の AI を開発するためには、適切なライブラリを選定する必
要があります。あなたの条件に合ったライブラリを選びましょう。
face_recognition ライブラリなど、有名な顔認識ライブラリが利用
可能です。

4. モデルのトレーニング（オプション）

いくつかのライブラリは、モデルをトレーニングする機能を提供し
ています。トレーニングデータを使用して、顔の特徴を学習させるこ
とができます。ただし、トレーニングには多くのデータと計算資源が
必要です。

5. 顔認識の実装

選んだライブラリを使用して、顔認識の実装を行います。予め保存
された顔データを基に、認識したい顔画像との照合を行い、一致する
個人を特定する仕組みを構築します。

6. インターフェースの設計と実装

認識結果を表示するためのインターフェース（UI）を設計し、開発
します。これには、認識結果の表示方法や、ユーザーが新しい顔デー
タを登録できる機能などが含まれます。

7. テストと評価

開発が進んだら、システムをテストし、性能を評価します。異なる
顔画像や照明条件、角度に対してどれだけ正確に認識できるかを確認
します。

8. 本番環境への展開

テストが完了したら、システムを本番環境に展開します。この際には、セキュリティ、プライバシー、データ保護などに十分な配慮が必要です。

9. メンテナンスと改善

システムを本番環境で運用していく過程で、改善点やバグが見つかる可能性があります。定期的なメンテナンスやアップデートを行い、システムの性能を維持・向上させていきましょう。

以上の手順を踏んで顔認証の AI システムを開発することができます。ただし、顔認証技術はプライバシーや倫理的な側面を考慮する必要がありますので、これらの側面にも充分な注意を払ってください。

------------- End ----------------

1回目<評価>所要時間：プロンプト入力時間３分 応答待ち時間１分程度 出力時間：６分（途中 １回くらい停止）合計 １０分 プラス プロンプトの作成思考時間 １分 合計１１分

これに対して 人は、調査時間 １時間 作業時間 １時間 まだテスト時間は入っていませんが、大きな効率化が望めます。満足度：８０点

続いて、生成 AI にプログラム作成について聞くプロンプトを作成して依頼しました。２回目のプロンプトは、短い表現で記述しました。

２回目入力プロンプト

---------- プロンプト ----------

次にプログラミング言語として python を使います。それから、ライブラリは、face_recognition を使うときの手順を教えてください。また、データは、スマホで１０人の顔を正面と少し右向きと少し左向きの３枚を取ろうと思います。その人の名前とその写真データとの紐付けはどうすべきでしょうか？

------------- End ----------------

２回日の回答が下記です。

----------- 回答 -----------

　Python と face_recognition ライブラリを使用して、顔認識の AI システムを構築する手順を説明します。

　ステップ 1: 必要なライブラリのインストール

　まず、face_recognition ライブラリをインストールします。以下のコマンドを使用してインストールできます。

　pip install face_recognition

　ステップ 2: 顔データの収集と準備

　顔を認識するための写真を用意します。各人について、正面、少し右向き、少し左向きの顔写真をそれぞれ 3 枚ずつ取得してください。各人の写真に対して、face_recognition ライブラリを使用して顔 の特徴をエンコードします。

```
import face_recognition
# 画像ファイルパスと対応する名前を定義 image_files = [
{"path": "person1_front.jpg", "name": "Person 1"},
{"path": "person1_right.jpg", "name": "Person 1"},
{"path": "person1_left.jpg", "name": "Person 1"}, # 他の人物のデータも同様に追加
]
known_face_encodings = [] known_face_names = []
# 画像ファイルごとに顔のエンコーディングを取得 for image_file in image_files:
image_path = image_file["path"] name = image_file["name"]

image = face_recognition.load_image_file(image_path) face_encoding = face_recognition.face_encodings(image)[0]

known_face_encodings.append(face_encoding) known_face_names.append(name)
```

　ステップ 3: 顔認識の実行

142

　認識したい顔画像を用意し、それと予め保存された顔データを照合
して認識を行います。

```
# 認識したい顔画像を読み込み
unknown_image = face_recognition.load_image_
file("unknown_face.jpg")
unknown_face_encodings = face_recognition.face_
encodings(unknown_image)

for unknown_face_encoding in unknown_face_encodings: # 照
合
matches = face_recognition.compare_faces(known_face_
encodings, unknown_face_encoding)

name = "Unknown" # デフォルトは未知の顔 if True in matches:
first_match_index = matches.index(True) name = known_
face_names[first_match_index]

print(f" 認識された人物 : {name}") データの紐付けについての注意
```

　写真データと名前の紐付けは、コード内で行う方法以外にも、デー
タベースや CSV ファイルなどを使用して管理することもできます。
各人の名前と対応する写真データのファイル名をマッピングし、コー
ド内で名前を使用することで、認識結果と名前を関連付けることがで
きます。ただし、データのセキュリティとプライバシーに十分な注意
を払う必要があります。
　-------------　End　---------------

　＜ 2 回目の評価＞　プログラム要件の半分をプロンプト入力し、その回
答をもらいました。

プロンプト入力3分 出力 2分 合計5分

ここまでで、「AIによる顔認証」のプログラムはできましたが、AIによる判断結果を応答するプログラムを追加します。

3回目入力プロンプト

---------- プロンプト ----------

次に、この顔認証のプログラムに追加して「音声で答える」機能を追加したプログラムを作ってください。その要件は、

事前に登録した人と登録していない人を判別して、音声で応答する。知っている人は、「名前さん　ですね。」と答え、知らない人には、「あなたは、登録されていません。」と答える。このプログラムを作ってください。

------------- End ----------------

---------- 回答 ------------

顔認識のプログラムに音声応答機能を追加するために、gTTS（Google Text-to-Speech）ライブラリを使用して音声合成を行います。以下に、要件に合ったプログラムを示します。

まず、gTTSライブラリをインストールします。pip install gTTS

そして、顔認識と音声応答を組み合わせたプログラムを以下に示します。

```python
python Copy code
import face_recognition from gtts import gTTS import os

# 予め保存された顔データと名前のリスト

known_face_encodings = [...] # 顔データのエンコーディング
known_face_names = [...]      # 名前

# 認識したい顔画像を読み込み
```

```
unknown_image = face_recognition.load_image_
file("unknown_face.jpg")
unknown_face_encodings = face_recognition.face_
encodings(unknown_image)

response_messages = []

for unknown_face_encoding in unknown_face_encodings: # 照
合
matches = face_recognition.compare_faces(known_face_
encodings, unknown_face_encoding)

if True in matches:
first_match_index = matches.index(True) name = known_
face_names[first_match_index]
response_messages.append(f"{name} さん、ですね。") else:
response_messages.append(" あなたは、登録されていません。")

# 音声合成と再生
for response_message in response_messages: tts =
gTTS(text=response_message, lang='ja') tts.save("response.
mp3")
os.system("mpg123 response.mp3")
```

このプログラムでは、認識結果に応じて音声メッセージを生成し、
gTTS ライブラリを使って音声ファイルを作成して再生しています。
known_face_encodings と known_face_names リストは、予め登
録した顔データと対応する名前です。

このコードは、各認識結果に対して音声メッセージを生成し、
response.mp3 というファイル名で保存し、mpg123 を使って音声

を再生します。ただし、音声合成にはネットワーク接続が必要です。

　このプログラムを実行する前に、適切なファイル名やパスを使用することを確認してください。また、mpg123 の代わりに、使用している環境に合った音声再生コマンドを使用してください。
　------------- End ----------------

　＜3回目の評価＞　プロンプト入力時間3分　応答待ち時間1分程度出力時間：5分（途中停止1分）合計10分
　一応、プログラムが出来上がりましたが、システム開発環境を聞いてみました。
　4回目入力プロンプト

　---------- プロンプト ----------
　このプログラムは、どういうシステム開発環境で動くでしょうか？
Anaconda の jupyter Note 上で動くでしょうか？

　--------- 回答 -------
　はい、このプログラムは Anaconda の Jupyter Notebook 上で動作するはずです。face_recognition ライブラリや gTTS ライブラリは、一般的な Python 環境で動作し、Anaconda の Jupyter Notebook 上でも問題なく使用できます。

　ただし、音声再生に関しては、プラットフォームによって 異なる方法が必要な場合があります。上記のプログラムでは、os.system("mpg123 response.mp3") の部分で音声を再生していますが、mpg123 は Linux 環境での音声再生コマンドです。Windows 環境や他の環境では適切な音声再生コマンドに変更する必要があります。

　したがって、環境に合わせて適切な音声再生コマンドを使ってく

ださい。例えば、Windows 環境では os.system("start response.
mp3") を使用することができます。また、一般的には IPython.
display. Audio を使用して Jupyter Notebook 内で音声を再生する
方法もあります。

------------ End ---------------

＜4回目の評価＞　プロンプトの入力 2 分
回答 2 分　合計 4 分
所要時間：プロンプト入力時間 3 分 応答待ち時間 1 分程度 出力時間：
5 分（途中 2 回停止 1 分）合計　1 0 分 プラス プロンプトの作成思考
時間　3 分 合計 1 3 分、生成 AI での作業時間合計は、3 0 分です。これ
に対して 人間は、調査時間　2 時間 作業時間　4 時間 合計 6 時間
まだテスト時間は入っていません。大きな効率化が望めます。
満足度：9 0 点

3．人によるプログラム作成

　次に、顔認識 AI による人の判別システムの同じシステム要件に対して、
人が作ったプログラムを参考に記述します。実際には、先に人によるプロ
グラム作成を行い、その後、生成 AI でのプログラミングを行いました。
　下記のプログラムは、必要なライブラリを入手したあとのプログラムを
記載します。

（1）システムの仕様

Web Camera とスピーカー内蔵のデスクトップ PC を設置し、その前を
通る人を判別させる。
　PC 内蔵カメラが起動され、人の顔が写れば、リアルタイムで登録済み
の顔か、登録されていないか AI が判断し、登録済みの顔であれば、顔部
分が赤四角枠で囲われ、下に登録名が表示されるとともに、スピーカーか
ら「こんにちは「登録名」さん」という音声が流れる。登録されていない
顔であれば、顔部分が赤四角枠で囲われ、下に Unknown と表示されると
ともに、スピーカーから「あなたは入れません。」という音声が流れる。

（2）開発環境

・Web Camera とスピーカー内蔵のデスクトップ PC

・Windows10、Anaconda、Visual Studio Code

・python ライブラリの dlib と face_recognituion のインストール

・顔が写った人物画像

（3）コード

```
import face_recognition import cv2
import numpy as np import win32com.client # 音声生成の準備
sapi = win32com.client.Dispatch("SAPI.SpVoice")
cat = win32com.client.Dispatch("SAPI.SpObjectTokenCategory") cat.
SetID(r"HKEY_LOCAL_MACHINE\SOFTWARE\Microsoft\Speech_
OneCore\Voices", False)
v = [t for t in cat.EnumerateTokens() if t.GetAttribute("Name") ==
"Microsoft Sayaka"]


# Get a reference to webcam #0 (the default one)
# Web カメラが映像を読み込む場合は VideoCapture() の引数に 0 を指
定する。
video_capture = cv2.VideoCapture(0)


# Load a sample picture and learn how to recognize it. # 登録済みの人
の呼び名を入れる
known_face_names = ["hisatan","Lena","Mori","morimask","sato"]


known_face_images = [] known_face_encodings = []
# 登録済みの人の顔画像の保管場所と画像ファイルのデータ化
for path in ["hisatan.jpg","lena.png","mori.JPG","mori_m.JPG","sato.
JPG"]: img = face_recognition.load_image_file(path) known_face_images.
append(img)
for img in known_face_images:
known_face_enco dings.append(face_recognit ion.face_ encodings(img)
```

[0])

```
# Initialize some variables face_locations = [] face_encodings = [] face_
names = [] process_this_frame = True
```

　カメラから連続的に画像一コマ毎取得するため、while 文で繰り返し
処理を行う。

フレームの読み込み、すなわち 1 コマ分の画像データを読み込む。

```
while True:
    ret, frame = video_capture.read()
    rgb_frame = frame[:, :, ::-1] # Convert the image from BGR color to RGB
color
    if process_this_frame:
    # Find all the faces and face encodings in the current frame of
    video
    face_locations  =  face_recognition.face_locations(rgb_frame,
    number_of_times_to_upsample=1)
    face_encodings = face_recognition.face_encodings(rgb_frame, face_
locations)
    if face_locations == []: cv2.imshow('Video', frame)
    else: # 以降は、画像に顔が検出された場合の処理 face_names = []
    for face_encoding in face_encodings:
    # See if the face is a match for the known face(s)
    matches = face_recognition.compare_faces(known_face_ encodings,
face_encoding)
    name = "Unknown"
    face_distances  =  face_recognition.face_distance(known_face_
encodings, face_encoding)
```

np.argmin は、配列の最小値のインデックスを返す best_match_index
= np.argmin(face_distances)

```
    if matches[best_match_index]:
    name = known_face_names[best_match_index] if name not in face_
```

```
names:
    face_names.append(name)
names):
    # Display the results、結果の表示
    for (top, right, bottom, left), name in zip(face_locations, face_
    # cv2.rectangle は、顔の周囲に長方形を描画する関数 cv2.
rectangle(frame, (left, top), (right, bottom), (0, 0, 255), 2) # Draw a label
with a name below the face cv2.rectangle(frame, (left, bottom - 35), (right,
bottom), (0, 0 255), cv2.FILLED)
    font = cv2.FONT_HERSHEY_DUPLEX
    # cv2.putText は、文字を描画する関数
    cv2.putText(frame, name, (left + 6, bottom - 6), font, 1.0, (255,
    255, 255), 1)
    # Display the resulting image cv2.imshow('Video', frame)

    # Call name when it is first_met、以降は、音声の発生 first_met = face_
names[0]
    if first_met is not 'Unknown':
    a = ' こんにちは '
    b = first_met
    c = ' さん ' call = f'{a}{b}{c}'
    else:
    call = ' あなたははいれません ' if v:
    oldv = sapi.Voice sapi.Voice = v[0] sapi.Speak(call) sapi.Voice = oldv

    # 動画ファイル保存、動画ファイルを 1 frame 保存する。 # 同一名で保
存するので、上書きされ最終 frame が残る。
    frame_rate = 24.0 # フレームレート size = (640, 480) # 動画の画面サ
イズ
    fmt = cv2.VideoWriter_fourcc('m', 'p', '4', 'v') # ファイル形式 writer =
cv2.VideoWriter('outtest.mp4', fmt, frame_rate, size) ret, frame = video_
```

capture.read()

　writer.write(frame) # 画 像 を 1 フ レ ー ム 分 と し て 書 き 込 み writer.
release() # ファイルを閉じる

　process_this_frame = not process_this_frame

　# Hit 'q' on the keyboard to quit!

　if cv2.waitKey(1) & 0xFF == ord('q'): # q キーを叩くと、動画は終了する。
Break

　# Release handle to the webcam

　video_capture.release() # 動画ファイル閉じる、又はキャプチャデバイ
スを終了。

　cv2.destroyAllWindows() # 開いたウインドウを終了させる。

　プログラム作成者：田中久司氏

【プログラム作成参考資料】

　① face-recognition 1.3.0 Released: Feb 20, 2020

　② Github/ageitgey/face_recognition https://github.com/ageitgey/face_
recognition/blob/master/examples/

　facerec_from_webcam_faster.py

　③ @7shi 2020 年 06 月 24 日更新「Python で Windows 10 の音声合
成を使用する」

　以上　同じシステム要件の内容を人が作成したプログラムと生成 AI が
作成するプログラムの両方を行い、業務効率化について検討してみました。

　業務効率化の観点から比較すると以下のようになりました。

作業項目：「AI による顔認証システム」のプログラム作成

・人による作業は、調査時間 2 時間、作業時間 4 時間

合計 6 時間

・生成 AI による作業時間　4 回分の合計　30 分

以下にこれを分析します。

２．生成 AI によるプログラム作成の考察

　顔認証 AI について、知識が少ない人が ChatGPT に、聞くことを前提として、プロンプトを作成してみました。

　１回目の処理　所要時間：プロンプト入力時間３分　応答待ち時間１分程度　出力時間：６分（途中　１回くらい停止）合計　１０分　プラス プロンプトの作成思考時間 １分 合計１１分

　２回目の処理（プログラム要件の半分をプロンプト入力し、その回答をもらいました。）
　プロンプト入力　３分　出力　２分　合計５分

　３回目の処理　プロンプト入力　３分　出力　７分　合計１０分

　４回目　プロンプト入力　２分　出力　２分　合計４分
　生成 AI を使用による作業時間　合計３０分（検証時間１時間）
　＜結果＞
　人と生成 AI がプログラミングをする比較について、単純に、作業時間で比較すると人は、６時間（３６０分）かかり、生成 AI は、３０分（これに検証して確認をとる時間１時間を加えると）１時間３０分となり、３６０分の９０分となり、単純な計算では、４分の１でできることになり、大幅な効率化となりました。

　但し、プログラムが正しいかの検証時間（約１時間）が必要になっていることと生成 AI のアウトプットが正確でないケースもあり得るので、効果がでるのは、生成 AI のプログラム知識が十分に向上したときになります。
　実際にプログラムを動かす場合、その会社のシステム環境が異なることがあり、追加修正などが発生することがありますので、最初は、自社のシステム環境に合わせる対応が必要になると思われます。
　＜考察＞
　生成 AI が作成するプログラムには、開発環境の違いやプログラムの品

質的な問題が残ります。作業時間を考えると修正にかかる時間を考慮しても、業務効率としては、向上するのは、間違いないと思います。

　生成 AI のプログラムの品質向上をさせるには、生成 AI へのデータ入力などの教育が必要ですが、試行錯誤による経験知の増加と時間の経過による慣れと共に品質が向上すると考えられます。

第 4 節　日本の生成 AI サポートシステムの紹介

　日本にも、生成 AI を活用して業務効率化をサポートするアプリ・ソリューションが生まれています。その中から本書では、㈱エクサウィザーズの「exaBase 生成 AI powered by GPT-4」とエボラニ株式会社「anybot for ChatGPT」を紹介します。

事例 1：ChatGPT と自社特有のデータを合わせと使用する方法（段階的に高度化していく方法）

　自社データを ChatGPT と合わせて使いたいニーズが高く、それを提供するサービスの事例です。

　企業向けの生成・対話型 AI サービス「exaBase 生成 AI powered by GPT-4」2023 年 5 月より正式に提供を開始しました。

　exaBase 生成 AI は当社独自のユーザーインターフェースを提供することで、米 OpenAI の生成・対話型 AI サービス ChatGPT を、容易かつセキュアにご利用いただけます。主要なユーザー側の機能は以下の通りとなります。

（1）対話履歴の参照
　直感的でわかりやすい画面上でプロンプトを入力でき、対話の履歴を過去にわたって参照できます。

(2) 複数の AI モデルの利用

ChatGPT の AI モデルである GPT-4 と GPT-3 の切り替えが可能です。GPT-4 の方は精度が高いとされていますが、GPT-3 の方が安価でレスポンスが早く利用でき、用途に合わせて選択が可能です。

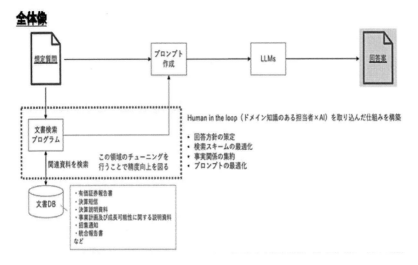

図 4-2 自社用の生成 AI 活用のフロー

(3) ユーザー ID・パスワード設定不要

企業内のディレクトリーサービスと連携させることでシングルサインオンが可能となり、exaBase 生成 AI 上でユーザーが ID やパスワードを個別に設定する必要がありません（管理者による手動での ID・パスワード設定も可能です）

企業向けの生成・対話型 AI サービス「exaBase　生成 AI powered by GPT-4」の具体例を図 4 － 3 に示します。AI アシスタントとして、この

例では、新規事業を立ち上げるときの、やるべき項目を箇条書きで示しています。

図 4-3　exaBase 生成 AI powered by GPT-4 の画面

参考文献（4-1）：㈱エクサウィザーズ「exaBase 生成 AI 説明資料」

管理者アカウントの機能

　管理者側のアカウントでは、セキュリティやコンプライアンスの強化を目的として以下の機能を活用できます。また、OpenAI と API での利用契約をしているため、ユーザー企業の利用者が入力するプロンプトのデータは AI の学習用データとして利用されることはありません（OpenAI は、管理のためデータを 30 日間保有します）。

（4）禁止ワードや機微情報の入力を阻止

　社内の機密情報が社外に漏洩しないよう、入力禁止ワードの設定、機微情報の検知という 2 つの安心機能が利用できます。管理者が設定した禁

155

止ワード、銀行口座やマイナンバーカードなど特定の重要情報がプロンプトとして入力されたと判断した場合は、データを送信できません。

(5) チャット履歴の蓄積・活用〜管理とベストプラクティスの横展開〜

ユーザーの入力したプロンプトと返信のチャット履歴は蓄積され、企業内の管理者が確認可能です。不適切なプロンプトの入力がないかなどモニタリングする目的のほか、業務に役立つ活用をしているプロンプトを見いだして横展開することが可能です。

(6) ユーザーの ID・利用ログ管理〜シングルサインオンが可能に〜

ユーザーのログインなどの利用状況を管理できます。企業内のディレクトリーサービスと連携したシングルサインオンが可能で、管理者がユーザー情報を逐一登録したり、ユーザーが ID やパスワードを個別に設定したりする必要がありません。個人やグループなどの単位で利用動向をレポート形式で出力。活用が不十分な場合に利用を促進したり、コストのコントロールのために利用の上限額を設定したりする根拠として活用できます。

＜ ChatGPT との接続方法と種類＞

自社用に ChatGPT を使うための方法としていくつかの方法があります。OpenAI プラグインは、ChatGPT をサードパーティアプリケーションに接続できます。これらのプラグインにより、ChatGPT は開発者によって定義された API とやり取りできるようになり、ChatGPT の機能が強化され、幅広いアクションを実行できるようになります。

プラグインを使用すると、ChatGPT で次のようなことができるようになります。

- リアルタイム情報を取得します。例：スポーツの試合結果、株価、最新ニュースなど。
- 知識ベース情報を取得します。例：会社の文書、個人的なメモなど。
- ユーザーに代わってアクションを実行します。例：フライトの予約、食事の注文など。

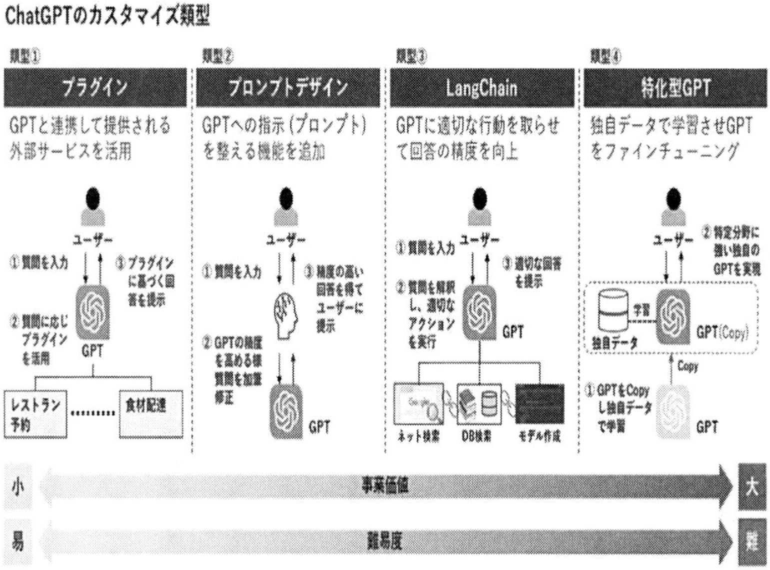

ChatGPTのカスタマイズ類型

図4-4　カスタマイズ方法の種類

　ChatGPT を自社用に使うための接続方法として、ここでは、4 種類の方法を示しています。その具体例として、図 4 － 4 にある用語を説明します。

①プラグイン：ChatGPT を既存のアプリケーションやウェブサイトに統合するためのプラグインを使用する方法です。プラグインは、ChatGPT の機能を直接利用できるようにするためのインターフェースを提供します。これにより、ユーザーはアプリケーション内でChatGPT と対話することができます。

② LangChain：ChatGPT と他のアプリケーションやサービスを連携させるためのプラットフォームです。LangChain を使用すると、API を介して ChatGPT にアクセスし、対話や情報処理の要求を行うことができます。LangChain は、様々なシステムと ChatGPT を統合するための柔軟な手段を提供します。

　追記「LangChain を通して、補完できる点として、以下の 3 つのメリットがあります。

・最新情報への対応

・長文のプロンプト送信

・複雑な計算問題に対応可能

③プロンプトデザインによって情報を入力する：

　プロンプトデザインは、ChatGPT との対話を制御するためのテキストベースのプロンプト（指示）を使用する方法です。ユーザーは、適切な形式で質問や要求をテキストで入力し、ChatGPT の回答を得ることができます。この方法では、対話の流れやコンテキストを柔軟に制御できますが、詳細な指示や情報が必要です。

④自社専用に GPT をファインチューニングする：

　企業や個人は、独自のデータセットを使用して ChatGPT をファインチューニングすることができます。これにより、特定のドメインや業界の専門知識に基づいた対話をサポートすることができます。ファインチューニングには、データの収集と前処理、学習の実行、モデルの評価とデプロイメントが含まれます。ただし、GPT のファインチューニングには十分なデータとコンピュータリソースが必要です。

　AI モデルは、インテリジェントな API 呼び出し元として機能します。API 仕様と API をいつ使用するかについての自然言語による説明が与えられると、モデルは積極的に API を呼び出してアクションを実行します。たとえば、ユーザーが「パリのどこに 2 泊滞在すればよいですか？」と尋ねた場合、モデルはホテル予約プラグイン API を呼び出し、API 応答を受け取り、API データを組み合わせてユーザー向けの回答を生成することを選択できます。

＜プラグイン接続の流れ＞

　プラグインで行う目的や何を行うか、どのような機能を持つかを明確に定義します。これにより、必要なコードやリソースが認識できます。

　プラグインを構築するには、エンドツーエンドの流れを理解することが

重要です。

図 4-5　企業向け生成 AI の段階的な導入手順

参考文献（2-1）：㈱エクサウィザーズ「exaBase 生成 AI 説明資料」

①マニフェストを作成し、次の場所でホストします。yourdomain.com/.
well-known/ai-plugin.json　このファイルには、プラグインに関する
メタデータ（名前、ロゴなど）、必要な認証に関する詳細（認証の種類、
OAuth URL など）、および公開するエンドポイントの OpenAPI 仕様
が含まれています。テキストの長さを最小限に抑えるために、最小数
のパラメーターを使用して最初に 1 ～ 2 個のエンドポイントのみを
公開することをお勧めします。プラグインの説明、API リクエスト、

API レスポンスはすべて ChatGPT との会話に挿入されます。これは、モデルのコンテキスト制限に反します。

② ChatGPT UI でプラグインを登録する

上部のドロップダウンからプラグインモデルを選択し、[プラグイン]、[プラグインストア]、最後に [未検証のプラグインをインストールする] または [独自のプラグインを開発する] を選択します。認証が必要な場合は、OAuth 2 client_id と client_secret または API キーを提供します

③ユーザーがプラグインを有効化

ユーザーは、ChatGPT UI でプラグインを手動でアクティブ化する必要があります。（ChatGPT はデフォルトではプラグインを使用しません。）アルファ期間中、プラグイン開発者は 15 人の追加ユーザーとプラグインを共有できます（現在、未検証のプラグインをインストールできるのは他の開発者のみです）。ChatGPT のすべてのユーザーベースにプラグインを公開するために、レビューのためにプラグインを送信する方法を徐々に展開していきます。認証が必要な場合、ユーザーは OAuth 経由でプラグインにリダイレクトされます。オプションで、ここで新しいアカウントを作成することもできます。

④ユーザーが会話を開始する

OpenAI は、ChatGPT へのメッセージにプラグインの簡潔な説明を挿入し、エンドユーザーには表示されません。これには、プラグインの説明、エンドポイント、および例が含まれます。

ユーザーが関連する質問をすると、関連性があると思われる場合、モデルはプラグインから API 呼び出しを呼び出すことを選択する場合があります。POST リクエストの場合、開発者はユーザー確認フローを構築する必要があります。モデルは、API の結果をユーザーへの応答に組み込みます。モデルには、その応答に API 呼び出しから返されたリンクが含まれる場合があります。これらはリッチプレビューとして表示されます。（OpenGraph プロトコルを使用して、site_name、title、description、image、および URL を取得します）"

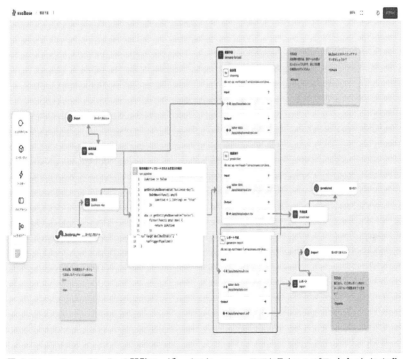

図 4-6：exaBase Studio の開発ユーザーインターフェースであるキャンバス（プロトタイプ）

参考文献（4-1）：㈱エクサウィザーズ「exaBase 生成 AI 説明資料」

　エクサウィザーズは企業ユーザーが AI ソフトウェアを容易に開発できる「exaBase Studio」を 2024 年 3 月期中に投入予定です。exaBase Studio はキャンバスと呼ぶ開発画面に、AI アルゴリズムや処理、入力データなどを定義できるソフトウェア開発環境です。キャンバスを利用して、ビジネス部門の担当者とエンジニア・開発者などのステークホルダーが目標を共有しながら、アジャイル型で迅速に構築し、その後の環境変化に応じて進化させることもできます。

（資料提供：㈱エクサウィザーズ https://exawizards.com/ ）

事例 2：ChatGPT を活用し、企業独自の情報について自社の LINE 公式アカウントやサイトで接客できる「anybot for ChatGPT」

　この事例では、ChatGPT と自社データとの組み合わせたシステムでLINE でも使用可能なシステムです。

1. ChatGPT の現状課題

　現状の ChatGPT はネットにある既存の情報を元に会話や資料を生成する事から、個別企業や製品についての情報に対応できず、アップデートされた情報ではないことがネックとなっています。こうした情報を学習させる事は可能ですが、AI エンジニアの高いコストと、時間がかかります。

　ChatGPT を LINE で利用する既存のサービスだと、個々の企業の LINE公式アカウントやサイトにおいては利用できないのが現状です。

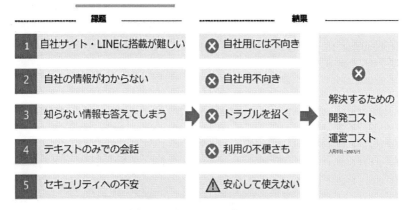

図 4-7　自社用に ChatGPT を使用するときの課題

　上記の図は、企業が ChatGPT を活用するときの課題から ChatGPT をそのままでは、使えないことを示しています。そこで、不足する機能をanybot for ChatGPT を作り補うことで解決を図りました。

anybot for ChatGPTで解決できること

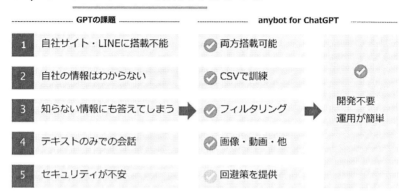

図 4-8　自社用に anybot for ChatGPT を作り課題を解消

2. 個別企業や製品についての情報に対応方法

　ユーザと ChatGPT を繋ぐ役割として、Anybot システムを使います。ChatGPT　には、個別企業や製品の情報やアップデートされた情報を持つことができないという課題があり、その部分を Anybot システムが補うことができます。下記の図にシステムの関連を示します。

anybot for ChatGPTのシステム全体イメージ図

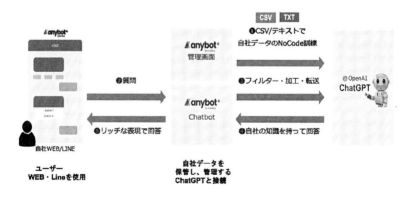

図 4-9　自社用に anybot for ChatGPT のシステム構成

参考文献（4-2）：

エボラニ株式会社提供 anybot for ChatGPT 資料 https://evolany.com/

現状の ChatGPT はネットにある既存の情報を元に会話や資料を生成する事から、個別企業や製品についての情報に対応できなかったり、アップデートされた情報ではないことが課題となっています。

　こうした情報を生成 AI に学習させる事は可能ですが、AI エンジニアの高いコストと、AI の学習時間がかかります。そこで、Anybot for ChatGPT では、ユーザと ChatGPT の間に自社のデータを持つシステムや ChatGPT に命令をするシステムを置くことで、満足のいく回答を得る方法を実現しています。また、LINE で利用する機能も持っています。

（資料提供：エボラニ株式会社（Evolany,co.,ltd.）https://evolany.com/）

　以上　　日本での ChatGPT に関連した事例を紹介しました。こうした ChatGPT にプラス α の機能と付けることで、セキュリティや回答の正確性など企業のニーズを満たすサービスができます。

　今後、生成 AI の活用分野は、多岐に広がっていて行くと思います。日本でも国産の生成 AI 開発が進んでいますし、専門別・業界別の生成 AI の開発が進むと思われます。日本でも多方面に広がる可能性が高いと思われますので、下表に米国を中心とした生成 AI の活用分野の広がる分野を載せました。

＜今後、広がる生成 AI の活用分野＞

米国の事例より抜粋しました。

1.　ソフトウェア開発支援コード生成	2.　ビジネスプロセスの自動化
コーディングのアシスタント	ワークフローの自動化
A/B テスト	CRM 連携
デバッグ	カスタマーサポート支援
ログ管理	広告の生成
API 設計／連携	メール生成
検索エンジン	契約書生成
レコメンデーションエンジン	会計
ゲーム開発	議事録生成
チャットボット構築	求人票作成
ソフトウェア開発支援	履歴書作成
ブラウザ拡張機能	
デザインツール	
画像編集	
画像生成	
Generative Art	
3.　音声関連	**4.　テキスト・コンテンツ生成**
スマートスピーカー	FAQ 生成
音声編集	マニュアル生成
音声認識	ライティングアシスタント
音声合成	コピーライティング生成
音楽	プレスリリース生成
	ドキュメント要約
	リーガルテック
	NFT
	語学学習 ヘルスケア
	アイデアジェネレーター

以上　米国の生成 AI の活用分野事例です。

＜第 4 章　参考文献＞ ────────────────

文献（4-1）：㈱エクサウィザーズ「exaBase 生成 AI 説明資料」https://exawizards.com/

文献（4-2）：エボラニ株式会社提供 anybot for ChatGPT 資料 https://anybot.me/#demo

第5章
AI による業務効率化

ー画像、音声テキスト変換などの事例ー

　この章では、生成 AI 以外の従来からある AI の活用も業務の効率化には欠かせないので、分野別に具体的な事例について説明します。まず、分野別 AI の種類と活用分野を考えてみます。AI の種類として、画像認識・画像解析があり既にいくつかの分野で利用されています。音声翻訳では、便利なポケトークなどが普及しています。本章では、具体的な分野別 AI の事例として

　事例 1：製造業の検査工程の AI 活用としては、AI カメラの監視での活用について、事例 2：会議議事録作成 AI、事例 3：AI 監視カメラによる防犯システム、事例 4：医療における病理検査、事例 5：ソロモンテクノロジーとして、生命 AI（ResQ®AI）と省エネ AI（SEE GAUGE）を紹介します。

　筆者は、良い AI ソリューションを多くの人に伝えて、日本社会の生産性を高めていく方向に進んでほしいと考えています。

事例 1：検品工程における不良品判定、生産設備の故障予兆

　AI の画像解析は工場などの生産過程でも活用が見込まれており、主な目的として不良品の検品が挙げられます。 カメラ撮影した検査物の画像から製品の個体差や汚れ、色ムラなどを認識して良品／不良品かを自動で判定します。また、生産設備のセンサー情報等から設備の不具合を事前に予測し、通知することで、故障を未然に防ぐことができます。設備に取り

つけたカメラで画像データを収集し、それぞれの部品の劣化状態を分析して、故障の時期を予測します。24時間365日リアルタイムの監視が可能で、設備の状態を常時点検します。監視カメラや生産ライン上のセンサーなどの情報を知能化エンジンによってリアルタイムに価値ある情報へと変えるソリューションです。例えば、

　・防犯カメラや監視カメラの映像より異常な状況の発生を検出します。

　・製品検品時のカメラ画像より正常でない製品を瞬時に判断し、生産ライン上に配置されたセンサー群より生産ラインの状態の異常を瞬時に判断してラインを停止します。

　などの業務支援を行うことが可能です。

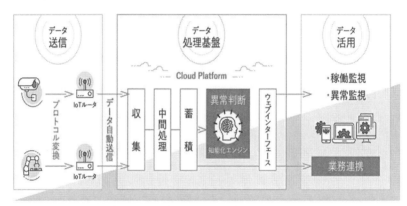

図5-1　監視カメラの情報から異常検知するシステムの概要

　ここでは、カメラの情報をIoTで送り、これまでに蓄積した情報をもとに、異常検知や稼働状態をAIが判断することができます。

　次に、会議の議事録作成と防犯カメラでの不審者検知について、詳しく事例として取り上げます。

事例2：会議議事録作成AI

　AIを利用して議事録を作成するRimo Voiceという製品を開発しています。会議議事録を作成するアプリに必要な機能とその手順を考えてみましょう。

　・音声認識：会議の音声をテキストに変換します。

・自然言語処理：テキストを理解し、正しい文法と句読点を使用して議
　事録を生成します。
・知識ベース：業界の専門用語や用語を理解し、正しく議事録に含める
　ことができます。
・会議中の発言者を識別する必要があります。
・自動化：議事録の作成を自動化し、ユーザーの作業量を削減できます。
・機械学習：時間の経過とともに精度を向上させ、新しい会議の種類に
　対応できます。
　期待効果：議事録の作成を自動化し、ユーザーの作業量を削減できます。

　上記の機能をほぼ満たしている議事録サービス事例を紹介します。
「Rimo Voice」を使って会議の音声や動画ファイルをアップロードする
だけで AI が音声を自動で文字起こしし、議事録を作成してくれる。また、
1 時間程度の音声データならたった 5 分前後で。文字起こしが完了しま
す。

　機能 1：日本語の自然言語処理技術を用いて、句読点を含めた自然な日
　　　　　本語の認識を実現。
　　　　　漢字やカタカナまで前後の文脈を認識して文字起こし可能。

　機能 2：動画をアップロードすることにより、文字と動画で同時に会議
　　　　　の内容を確認することが可能。
　　　　　文字検索から該当箇所を逆引きすることも可能。

　下記は、この Rimo Voice の使われる 4 つのシーンです。

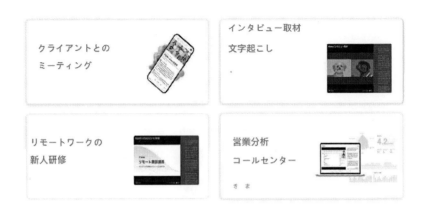

図5-2 様々なケースで利用が可能（会議やインタビュー、動画の字幕付けなど）

＜このアプリの主な特徴＞

・様々なサービスの動画 URL やファイルから直接文字起こしできるの
　で、すべての会話がエビデンスに。
　いつでも聞き直しが可能で、「言った・言わない」問題を撲滅！

・PC・スマホから Rimo Voice にアクセスできるので、いつでも振り返
　りが可能。

・文字と音声ファイルがリンクし、聞き直したい箇所をクリックして再
　生できるので編集作業が楽。文字起こし結果を URL でシェアしてライ
　ティングの時間削減に

・お客様とのやり取りなどを記録することで、会話のすべてが資産に。
　会話の記録をもとにナレッジ化や指導 / 評価に活用できます。

・動画を見ながら、発言者の名前つけができます。

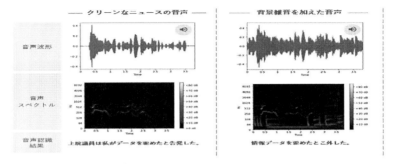

図5-3　ノイズを取り除く機能を持つ

参照文献（5-1）:Rimo Voice プロダクト概要資料
https://help.rimo.app/

＜専門用語解説＞

AIの音声認識アルゴリズムは、主に次の2つに分類があります。

確率的アルゴリズム：確率的アルゴリズムは、音声の特徴を分析し、その特徴が特定の単語にどの程度一致するかを計算することで音声を認識します。確率的アルゴリズムには、隠れマルコフモデル（HMM）、サポートベクターマシン（SVM）、畳み込みニューラルネットワーク（CNN）などがあります。

ルールベースのアルゴリズム：ルールベースのアルゴリズムは、音声の特徴を特定の単語やフレーズのルールと照合することで音声を認識します。ルールベースのアルゴリズムには、正規表現、辞書ベースのアルゴリズムなどがあります。

AIの音声認識アルゴリズムは、常に進化と改善を続けています。近年では、ディープラーニング技術の登場により、音声認識の精度が飛躍的に向上しています。ディープラーニングは、大量の音声データから音声の特徴を学習し、音声認識を行う技術です。ディープラーニングにより、音声認識はより自然で人間のような認識が可能となりました。

事例3：AI による防犯システム

　小売業での大きな課題として、万引き予防があります。万引きは、年間4,615 億円の被害がでています。防止には、怪しい人の早い検知により店員による声掛けが効果的と言われています。その対応として、AI の画像認識が活用されています。監視カメラによる画像を AI が様々な条件下で分析することによって不審者を高精度で検知します。

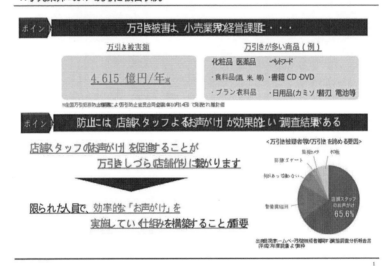

図 5-4　小売業における万引きの被害

　人間の警備員による監視に近い精度で、不審者を検出します。例えば、肉眼では判別が困難な横向きの顔や明暗の強い屋外、また不審者がマスクやサングラスなどで変装している場合でも、高い検出率で不審人物を特定します。検出には事前に入力した不審者リストの顔写真とビデオ画像とを照合し、リスト内の人物と画像内の人物との整合性を評価します。対象人物を検出した場合は警備員に通知を送り知らせます。

　また、特定の不審者の割り出しだけでなく、不審な行動を取っている人物などを検出することも可能です。これらは本屋や小売店での万引き犯の対策などに活用が進められています。トラブルや事故の未然防止、犯罪の未然防止、動画より人の振動成分を抽出して精神状態を解析します。

　解析結果から不審者を事前に検知し、赤枠で表示します。ことにより不審者を特定します。

　犯罪の可能性がある人物などを事前検知します。既存の防犯システムへの付加も容易で用途に合わせた様々な活用が可能です。新たな技術で安心・安全な社会作りに貢献します。

・不審者を入場時点で事前に検知し尾行及び救援要請することにより犯罪を未然防止
（従来の監視カメラシステムでは犯罪行為の記録しか残りません）
・照合データベースは不要、不特定多数から不審者を事前検知
（犯罪者のデータベース「顔認証・パターン認証」照合方式はデータ外検知は不可です）
・リアルタイム監視映像はもちろん過去の録画映像からも不審者の検知
（犯罪者の特定と事件の早期解決及び抑止力に寄与）
・既存の監視カメラシステムへの付加が容易で既存のシステムに影響を与えません。（既存システムの活用が可能のため省コスト導入が可能）
・導入用とも多彩。外部及び内部の犯罪防止の強化はもとより薬物による被害防止。
・犯罪が減少します。犯罪者に対しての早期解決及び抑止力効果が得られます。

サービス概要

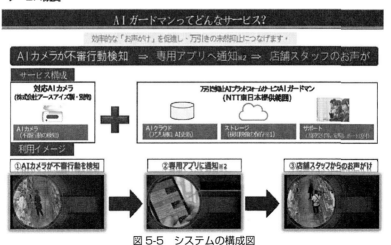

図 5-5　システムの構成図

群集の中で犯罪を犯す潜在的可能性の高い人物を事前に検知します。不審者の行動追跡や尾行により犯罪を未然に解決します。ことにより抑止力の効果が向上します。監視カメラ映像はもとより、過去の録画映像からの解析が重要になります。

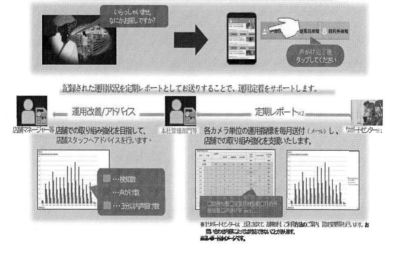

図 5-6　カメラ映像の解析の流れ

　人間を含む動物の精神状態（感情）を身体全体の振動及び膨大な基礎データによって解析し不審者と 思われる者を事前に検知します。システムです。

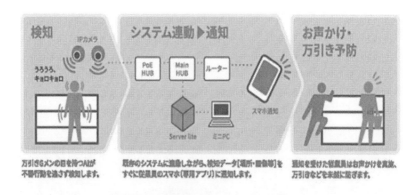

図 5-7　万引き予防システムの仕組み

　このシステムは、NTT 東日本の「AI ガードマン」の万引き対策を目的とした AI カメラ用のプラットフォームサービスです。利用するにはインターネット接続環境、Wi-Fi 接続環境、対応する AI カメラ（アースアイズ株式会社製）および、専用アプリが別途必要です。なお、専用アプリのご利用にはアースアイズ株式会社との契約が必要です。

参考資料（5-2）：NTT 東日本 提供資料

https://business.ntt-east.co.jp/content/camera/dl.html

事例 4：医療における病理検査

　従来、レントゲンや CT スキャンなどの画像から異常を見つけ出すのは医師の役目でしたが、医師の経験差によって判断にバラつきが出るなどの課題があります。

　現在では、こうした課題を AI で解決する取り組みが複数行われています。例えば、大阪大学が実施した共同研究では、AI を用いて画像からがん細胞を検出するだけでなく、がんの種類までも識別させることに成功しています。この画像認識モデルには深層学習を用いており、従来人の目では判別の難しかったより細かな特徴を識別します。これが実用化されれば医師がより正確で客観的な情報を得られるだけでなく、患者が享受できる医療の質の向上も見込まれます。

「AI で病気を瞬時に判定できる時代に」
デジタル病理支援 AI 搭載クラウドシステム「PidPort」
▶高まる AI による病理画像解析への期待

　世界的な統計の中でも病気死因の上位カテゴリーを癌が占めており、多くの医療機関で、癌の診断を行うための微小生検材料の病理診断の検査数は非常に多く、また増加傾向にあるとされています。

　一方で、これらの診断を行う「病理医」は国内外において慢性的に不足しており、病理医が 1 人で診断を担っている医療機関も多く、労働負荷は非常に大きくなっています。そして、多くの医療現場で病理診断を他院や衛生検査所に依頼している現状があります。

そのような状況から、より効率的で迅速な病理診断が実現できるワークフローの整備が望まれており、病理学的判定のスクリーニングが可能になるAI開発には世界中の医療従事者から大きな期待が寄せられています。

▶世界中の「病理医不足」を解決

福岡県福岡市に本社を置くメドメイン株式会社は、Deep Learning / AIを駆使した独自の画像処理技術によって病理のデジタル画像の解析を行うクラウドシステム「PidPort」の開発提供を行っています。医療機関や衛生検査所での病理診断・検査時にこのAI解析を取り入れ、ファーストスクリーニングを行うことによって、日々の業務効率を上げ、また病理医の労働負担を軽減することができるようになります。

また、AI解析機能のみならず、遠隔診断支援機能をあわせ持つことで、病理医が不足している地域でも、オンラインでより迅速に病理診断ができる環境をサポートし、国内・海外も含めた「病理医不足」という課題を解消して、より良い医療が提供される世界の実現に向けて取り組んでいます。

■ PidPortについて

PidPortは、病理画像データの最適な保管庫として利用可能なデジタル病理を支援するクラウドシステムです。いつでもどこでもクラウド上にある病理データを多施設の医療関係者で閲覧共有することが可能です。また、多施設が関わる大規模なデータベースの構築にも利用でき、AI解析機能の利用とあわせて効率的で迅速な病理診断をトータルで支援するシステムです。

PidPortは、病理医・医療従事者の方にとって快適なユーザビリティを考慮して開発されており、インターネットが使用できる環境下であれば機材導入不要ですぐに利用が可能です。

PidPortの利用に際して、プレパラートの画像データ化が必要になりますが、メドメイン社では、プレパラートのデジタル化サービス（Medmain Imaging Center）も提供しており、病理プレパラートのデジタル化から保管、診断までの一貫したトータルソリューションとして利用できます。

　病理 AI 解析に関して、現在では、世界的にも特に症例数の多い胃・大腸・肺（悪性上皮性腫瘍と非腫瘍性病変）・乳腺（悪性上皮性腫瘍と良性上皮性腫瘍と非腫瘍性病変）・膵臓（超音波内視鏡下穿刺吸引生検標本における腺癌の検出）・前立腺（悪性上皮性腫瘍と非腫瘍性病変）・リンパ節（転移性悪性上皮性腫瘍の検出）の組織学的分化度推論や臨床的対応推論を含めた組織判定、また子宮頸部・尿の細胞判定（腫瘍性判定の有無）に対して AI 解析の実用が可能となっています。

　また、コンピュータビジョンと自然言語処理によって、病理画像から病理診断報告書のテキストデータを生成する AI の開発にも成功しており、今後の活用が期待されます。

【PidPort の 3 つの主要機能】

図 5-8　デジタル病理支援 AI 搭載クラウドシステム「PidPort」の主要機能

参考文献（5-3）：メドメイン株式会社 デジタル病理支援 AI 搭載クラウドシステム「PidPort」サービス紹介
https://service.medmain.com/

事例５：㈱アドダイスの SoLoMoN AI テクノロジーについて

　実際に導入まで進み、使い勝手の良い AI に年を重ねるごとに仕上がり、その成果や導入効果も実証された事例を紹介します。

　AI スタートアップの株式会社アドダイス（以下「アドダイス」）が手掛ける AI ソリューションです。アドダイスは以前より時系列データの解析を得意とし、AI が普及する前から「BeeSensing（ビーセンシング）」という養蜂向けの IoT・AI ソリューションを展開していました。

　アドダイスは、東京大学出身のエキスパートが集まって設立した企業です。「AI で感動を伝える」という起業理念に基づき、人間が主人公でそれをサポートするのが AI という考えのもとに、自律制御する AI 基盤の実現を目指し、生活者が自分で調整できるような仕組みの技術ブランド「ソロモン（SoLoMoN®）テクノロジー（以下「ソロモン・テクノロジー」特許第 6302954 号）」を構築しています。学習した内容を、利用者が視覚的に確認できたり、判断基準を自分で調整できる仕組みづくりを目指し、ブラックボックスだった AI の中身を見える化します。これは、AI で「リスクスコア」を算出し、「リスクを定量化して扱いやすいものにする」というアドダイス独自の技術です。いたるところにセンサーが張りめぐらされる社会において、自律神経のように AI 基盤を提供し、社会課題の解決に挑んでいます。「ソロモン・テクノロジー」は、生活習慣や生活環境といったライフスタイルが遺伝子以外の健康を左右するキーであり、変容することができるという考えのもとに開発した独自特許 AI です。専門家でなくても労働集約的な検査や診断などの業務を行うことを可能にし、省エネ AI（SEE GAUGE）、生命 AI（ResQ®AI）などをソリューションとして提供し、実践の場で多次元の時系列データを AI で解析し、社会実装してきました。

　アドダイスの提供する主なソリューションをご紹介します。

＜省エネ AI「SEE　GAUGE」（シー・ゲージ）＞

　温度などのセンサーデータと、人の経験値による感覚的操作の双方から学習し、予測に基づく制御（予兆制御 ®）」を行う AI です。これにより、空調管理などエネルギー管理システムの自動制御を実現します。スタッフ

は常時張り付き監視から解放され、業務負担を平準化することが可能になります。クラウド経由で、複数拠点の一括管理も可能であり、大型商業施設の空調管理にも導入実績があります。

多様な時系列データを横断してリスクをAI分析

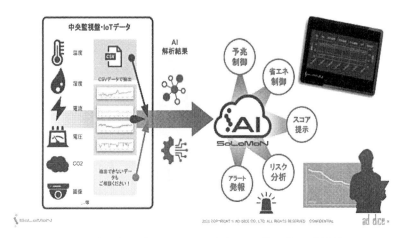

図 5-9　省エネ AI「SEE GAUGE」（シー・ゲージ）の全体図

＜生命 AI「ResQ AI」（レスキュー）＞

誰もが健康長寿で人生を楽しめる社会の実現を目指して開発された、クラスター対策、健康経営、未病対策などの健康管理を DX する AI です。

ウェアラブル IoT とヘルスケア人工知能「ResQ AI」で測定したバイタルデータを、クラウドにデータ送信、管理し、複数人のデータを一括管理できるシステムです。地方自治体の町立病院などで多数の導入実績があり、現在はメンタルヘルスに向けて挑戦中です。

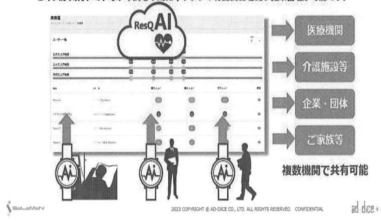

図5-10　生命 AI「ResQ AI」（レスキュー）

　生命 AI（ResQ® AI）は、健康な個人が活動データを記録するというプロダクトが一般的な中で、アドダイスは体調が悪くなり始めている人を皆で見守ろうという考え方に基づき、ライフスタイル医学 AI® という生活習慣、生活環境を整えることを促す AI が組み込まれていることが特徴となっています。

　参考文献（5-4）：SoLoMoN AI テクノロジー説明資料

（㈱アドダイス　担当者　池谷真澄）

＜第5章　参考文献＞

文献（5-1）：Rimo Voice プロダクト概要資料
　　　　　　　https://help.rimo.app/
文献（5-2）：参考資料（5-2）：NTT 東日本提供資料
　　　　　　　https://business.ntt-east.co.jp/content/camera/dl.html
文献（5-3）：メドメイン株式会社デジタル病理支援 AI 搭載クラウドシステム「PidPort」サービス紹介
　　　　　　　https://service.medmain.com/
文献（5-4）：SoLoMoN AI テクノロジー説明資料
　　　　　　　https://ad-dice.com/company/

第6章
生成 AI を
ビジネスで使用する上での課題と対策

　この章は、生成 AI を業務上で使用する上での問題点を挙げて、その対応策を考えてみました。

第 1 節　生成 AI の課題（自然言語系）

　生成 AI の中で、使用者が多い自然言語系の生成 AI である ChatGPT について解説します。

1. ChatGPT の問題点と対応方法
1）ChatGPT、GPT-4 の問題点
　業務の効率化を図るうえで、ChatGPT や GPT-4 には、どんな問題点があるかを考えてみましょう。
　問題点—1 情報が不正確なことがある（情報の出所が不明）
　問題点—2 情報が古いことがある（情報を集めた時点以後の情報がない）
　問題点—3 自社 (ユーザ企業) の情報が保有されていない

　まず、それぞれの問題点について説明します。
　問題点—1　　情報が不正確なことがある（情報の出所が不明）

GPT は、様々な情報源から学習しているため、時々不正確な情報を出力することがあります。また、その情報の出所を明らかにしないので、完全に正確であることは保証できません。

問題点―2　情報が古いことがある（情報を集めた時点以後の情報がない）基本的に情報を集めた時点（ChatGPT は、2019 年 9 月までの情報）での情報であり、学習に使用された情報ソースが更新された場合でも、その情報を反映することができません。もし、最新の情報が欲しい場合は、その情報が得られる信頼できる情報源を示唆することで、より正確な情報を提供できる場合があります。（Microsoft と連携にて Bing AI チャットなどは、新しい情報も取り入れている）

問題点―3　自社の情報が保有させていない。
ChatGPT の回答には、企業の機密情報が保有されていない。GPT は、一般的な情報に基づいて回答を生成するため、特定の企業の情報を保有していません。そのため、自社機密情報など関する詳細な情報を得る場合には、情報が漏れない形態でのシステム契約が必要です。しかし、一般的なビジネスや経済に関する情報については、ChatGPT が有用な情報源となると思います。

2）問題点の対策
上記 1 の問題点に対してどんな対策が取れるかを探ってみましょう。
問題点―1 情報に不正確なことがある
回答に 100％正解はないということです。
解決策 1：ブラウザ版を使うときに、プロンプトの入力方法が重要になります。例えば、「曖昧な答えをせず、わからないと答える」を GPT に入力する。しかし、セッションが切れると消失するので、再度、インプットが必要になります。
解決策 2：API 版のときは、システム側の設定で、自動でプロンプトにて分からないときには、「分からないと答える」ことを設定ができます。
または、情報源（Wikipedia など）を Update することで、いずれ反映

されるが、GPT に反映されるまで多くの時間がかかる。（OpenAI がデータを更新するまで待つ）

　問題点—2　情報が古い（情報を集めた時点以前の情報がない）
　問題点 1 と重なりますが、GPT の情報収集の時点が、1 年以上前であることから、情報が古くなっている。
　解決策：Google Bard が 2023 年 5 月 11 日より一般利用可能で日本語対応しており、回答してくれます。Bard は、Google Chrome との連携で、最近の情報やリアルタイムに情報は、Google 検索の情報を取り込んで回答することになっています。これにより、Bard は、新しい情報の回答ができる様になっています。
　Microsoft の Bing も同様に GPT-4 で自動検索してくれます。ChatGPT が、持つデータは、ある時期に収集したデータですから、古いことがありますが、最近の情報は、Microsoft の Bing との連携して、関連情報の URL を表示してくれます。

　問題点—3　GPT の回答には、自社企業の情報が保有されていない
　解決策：企業が自社用に OpenAI と契約して、GPT-4 の使用契約により、自社用に使用することはできます。しかし、この方法には、GPT を使えるように教育・訓練するスキルと時間がかかる大きな課題があります。

　＜契約について＞
　OpenAI にアカウントを登録し、クレジットカードを登録して API キーを発行できるので、これができると自分たちのデータを入力して GPT をトレーニングし、教育する権利ができます。自分たち専用の GPT として使用するには、自分たちの API キーにより管理する GPT を契約することになります。（1 つアカウントの下に複数の API キーが持てる。）この自社専用の GPT にある情報は、OPEN AI との契約で外部に漏れないことになっています。
　しかし大きな課題として、GPT という AI に教え込むには、自社のデータの整理や確認、正しいデータの入力、そして、AI が内容を理解したか

という検証というデータサイエンスや AI エンジニアが、長い時間を費やして、開発・教育をするので、膨大なエンジニアの人件費がかかります。つまり、長い時間と高額の費用がかかると言われています。

問題点３「GPT の持つ情報には、自社企業の重要な情報が保有されていない」

解決策１：「企業が自社用に GPT-4 を契約して、自社用に使用する」を提案しましたが、問題があります。AI（ChatGPT）を教育する長い時間と高額な費用が発生するので、これでは、容易に実施できません。そこで、エンジニアによる開発と開発時間がかかる問題点を解消する方法として専門会社のサービスを利用する方法があります。（㈱エクサウィザーズなどがサービスを提供）

解決策２：ChatGPT と「自社データから回答するシステム」を組み合わせたシステム

これについて、少し詳しく解説します。自社データを取り込んだ回答ができるシステムが必要となり、自社の人手不足や人間の手間を省き、業務の効率化を図るには、ChatGPT だけでは、自社データの知識がないので、自社の AI スタッフを付けて不足する情報を取り込むシステムを構築する必要があります。

この場合、ChatGPT を人に例えると優秀な新人社員が入って来たが、自社の知識がない人に似ています。この人を育てるには、２通りあって、１つは、この新人を育てるために、教育プログラムを作り、教えるデータを集めて、大量のマニュアル情報を与えて数か月かけて教育する。これは、AI（GPT）に情報を与えて教師あり学習をさせるのに似ています。

もう１つの方法は、オンザジョブ・トレーニングに近いが、その新人の隣にベテラン社員がいて、二人で仕事をこなす形式に似ています。

そこで、エンジニアによる開発と開発時間がかかる問題点を解消する方法として、ChatGPT は、社会一般の知識を持つが、自社のデータは持たないこの２つを組合せにより、一般的な情報で処理できる内容と自社特有の内容を分けて答えることができれば、有効なシステムが出来上がりま

す。（図 6-1 のシステムイメージ）

ChatGPT　＋　自社データから回答するシステム　＝＞　組み合わせたシステム

図 6-1　自社システムと Chat-GPT の組み合わせ

　これらの考え方を使ってシステム化した事例を第 5 章で紹介します。次に、企業の自社情報を ChatGPT につなぐ場合に気になるのが、情報漏洩の問題です。

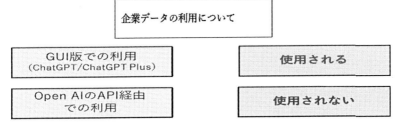

図 6-2　企業データと使用するシステムの関係

参考文献（6-1）:OpenAI Terms of use（Updated March 14,2023）

　　　　　　https://openai.com/pollcied/term-of-use

図 6-2　で示している GUI 版と言っているのは、現在、皆さんが日常に使用しているアイコンなどを使った表示方法です。GUI（Graphical User Interface）は、ユーザーがコンピュータやソフトウェアを操作するための視覚的なインターフェースです。GUI は、ユーザーがマウスやキーボードなどの入力デバイスを使用してソフトウェアを操作し、情報の表示や操作を行うための視覚的な要素（ボタン、メニュー、テキストボックスなど）を提供します。その他に API 経由の方法とプラグインという方法も 2023 年 5 月に発表されました。

＜ Opt In, Opt Out の説明＞

Optin と Optout とは、OpenAI が提供する API のデータ利用に関する選択肢です。 Optin とは、自分が API を利用した際に生成されたデータをOpenAI に提供しOpenAI のサービス改善に協力することを意味します。Opt out とは、自分が API を利用した際に生成されたデータを OpenAI に提供しないことを意味します。 Optin と Optout の役割は、以下のようになります。

1）Opt in の場合

OpenAI は、API を利用した際に生成されたデータを収集し、AI のモデルや性能の改善に利用します。OpenAI は、個人を特定できる情報や機密情報をデータから削除し、安全に保管します。OpenAI は、データの提供者に対して、API の最新の機能やサービスを優先的に提供します。

2）Opt out の場合

OpenAI は、API を利用した際に生成されたデータを収集せず、削除します。OpenAI は、データの提供者に対して、API の一部の機能やサービスを制限する場合があります。Optin と Optout の選択は、企業や個人の判断に任されています。

Optin（利用を許可する）することで、OpenAI の AI の研究や開発に貢献することができますが、自分のデータが第三者に利用される可能性もあります。 Optout（利用を拒否する）することで、自分のデータを保護することができますが、API の一部の機能やサービスを享受できない可能性もあります。 どちらを選択するかは、自分の目的やニーズに応じて決められます。その指示は、プロンプトから入力できます。

2.　Bing　AI チャット

　生成 AI の問題点 2（保有しているデータが古いこと）に対応する為、Microsoft と OpenAI が新しいサービスとして、Bing の AI チャットの対応方法を発表しました。Bing AI チャットは、Bing 検索と GPT-4 の技術を組み合わせたツールです。

$$\boxed{\text{Bing　AI チャット}} \ = \ \boxed{\text{Bing 検索}} \ + \ \boxed{\text{GPT-4}}$$

　Bing の AI チャットは、最新情報を検索する「Bing」と生成 AI である GPT-4 の技術を組み合わせたツールです。Microsoft 社は組み合わせたこれらの技術を「Microsoft Prometheus（マイクロソフトプロメテウス）モデル」と称しています。

　2023 年 2 月、Microsoft 社が提供している検索エンジン「Bing」に AI チャット機能が搭載されました。Bing とは、Microsoft 社が提供している検索エンジンであり、Bing の AI チャットは Bing 検索エンジンに対して AI チャット機能を実装したツールです。「BingChat」や「BingAI」などと呼ばれていますが、公式サイトでは「新しい Bing」とされています。ここでは、ChatGPT が保有していない情報をプロンプトで要求された場合、通常の回答と　他に、関連した情報の URL を示すことで情報の古さを補うことができます。

・利用料金

　Bing の AI チャットでは、最新の GPT-4 を搭載した AI チャットを無料で使用できます。（しかし、無料では、利用制限があります）

　対する ChatGPT は、無料プランと有料プランに分かれており、GPT-4 機能は月額 20 ドルの有料プランでなければ使用できません。

・文字数や回答数の制約

　Bing の AI チャットでは、文字数上限（1 回あたり 2,000 文字まで）とチャット回数上限（1 スレッドあたり 20 回まで）が設定されています。ChatGPT では、文字数や回答数の制約はありません。そのため、長文の要約や同じテーマの深掘りなどにおいては、ChatGPT のほうが使いやすいといえるでしょう。

・使い方

　Microsoft Bing の公式ページから Bing の AI チャットを選択して、登
　録します。

Bing の AI チャットでは、以下のようなことができます。

・対話形式でチャットができる

・回答スタイルを選択できる

・最新情報を検索できる

・出典を確認できる

・ストーリー形式にも対応している

　Bing の AI チャットでは、回答スタイルを選択することもできます。同
じ内容でも、たとえば「厳密」スタイルにするか「独創性」スタイルにす
るかで、回答の表現が変わってくるのです。

（参考：株式会社 SE デザイン　https://www.sedesign.co.jp/company/）

下記は、Bing AI チャット（内容は、ChatGPT です。）

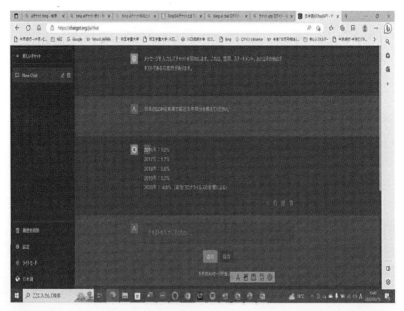

　前述した Being　AI チャットの機能を確認する意味で、実際に質問をし

てみました。

--------- プロンプト ----------

①質問：「日本の GDP 成長率で最近 5 年間分を教えてください。」

------------　End　----------------

-----------　回答　------------

回答：2016 年：1.0% 2017 年：1.7% 2018 年：0.8% 2019 年：0.2% 2020 年：-4.8%（新型コロナウイルスの影響による）

------------　End　----------------

この回答では、十分でないので、2 回目の質問をしました。

---------- プロンプト ----------

質問：私が聞きたいのは、最近 5 年間の日本の GDP 成長率ですから。
　　　2021 年 2022 年も教えてください

------------　End　----------------

-----------　回答　------------

日本の GDP 成長率は、以下の通りです。

2017 年：1.9%
2018 年：0.8%
2019 年：0.7%
2020 年：-4.8%
2021 年：3.5%（IMF の予測）
2022 年：2.4%（IMF の予測）

　ただし、2020 年の GDP 成長率は新型コロナウイルスの影響によるものであり、通常の景気変動とは異なる状況下にあることを留意してください。また、IMF の予測についても、世界的なパンデミックの状況に応じて変動する可能性があります。

------------　End　----------------

<評価>
　Bing の AI チャットでは、2021 年：3.5%（IMF の予測）2022 年：2.4%（IMF の予測）という IMF の予測を引用してきました。
　私の期待したインターネット検索の Bing で検索して、2021 年（2.1%）と 2022 年（1.1%）実績値を持ってきてほしかったので、満足度は、60 点です。

３．Bard と Google 検索の組み合わせ

　Bard は、Google が開発した生成 AI ですので、Google 検索との組み合わせが行われており、新しい情報を収集して AI に取り入れています。「Bard は常に学習と改善を行っているため、使用するデータは常に更新されています。」というデータの更新の早さが特徴です。

1）便利な機能

　Bard と Google Chrome の連携により、便利な機能を提供しています。それは次のとおりです。
- ・音声入力：Bard を使用すると、音声を使用して Google Chrome で検索したり、コマンドを実行したりできます。これにより、キーボードやマウスを使用せずにコンピュータを操作できます。
- ・ナビゲーション：Bard は、Google Chrome でナビゲートするのに役立ちます。Web サイトを開いたり、タブを移動したり、ブックマークにアクセスしたりできます。
- ・翻訳：Bard は、Web サイトやテキストを 1 つの言語から別の言語に翻訳するのに役立ちます。
- ・入力補完：Bard は、入力を予測して、入力時間を短縮できます。
- ・カスタマイズ：Bard は、独自のショートカットやコマンドを作成して、ニーズに合わせてカスタマイズできます。
- ・機械学習：Bard は、時間の経過とともに学習し、使用を続ける程正確になります。

2）収集データの古さを補う最新情報入手

　Bard の収集したデータに最新のデータは、Google 検索で補う便利な機能ができました。それは次のとおりです。

　最新情報については、Google 検索を通じて現実世界からの情報にアクセスして処理し、検索結果と一貫した応答を維持することができます。たとえば、事実のトピックの要約を提供するように求められた場合、信頼できる情報源から最新の情報を使用して要約を提供できます。

図 6-4　Brad の画面

　私は、この Bard と Google 検策が、自動的にできるのかを下記の質問を実際に Bard に投げて試してみました。

Bard への質問：①「日本の GDP 成長率で最近 5 年間分を教えてください。」

---------- プロンプト ----------
日本の GDP 成長率で最近 5 年間分を教えてください。

----------- 回答 ------------

日本の最近 5 年間の GDP 成長率は次のとおりです。

日本の最近 5 年間の GDP 成長率は次のとおりです。	
年	GDP 成長率（%）
2021	2.3
2020	-4.5
2019	-0.9
2018	0.3
2017	1.8

　日本の GDP 成長率は、1991 年以降、2.0%未満と低成長が続いています。これは、少子高齢化や人口減少、デフレ、円高など、さまざまな要因によるものです。

　上記の回答がきましたが、これでは、私が求める最近の 5 年（2022 年を含むデータ）ではありませんでした。
　②そこで再度、**Bard へ質問「2022 年の日本の GDP 成長率は 分かりませんか？」**と聞いてみました。

---------- プロンプト ----------
Bard への質問：2022 年の日本の GDP 成長率は 分かりませんか？
------------- End ----------------

----------- 回答 ------------

　Bard の回答：はい、2022 年の日本の GDP 成長率は 1.1%でした。これは、2021 年の 2.3%から減速したものの、2020 年のマイナス4.5%から回復したものです。GDP 成長率の鈍化は、主に前年比で減少した輸出の減少によるものです。
　2023 年の日本の GDP 成長率は、0.8%と予想されています。これは、世界経済の減速や円高など、さまざまな要因によるものです。
------------- End ----------------

　③満足のいく回答がきたので、**Bard へ質問「この答えはどこから取っ**

てきたのでしょうか Google Chrome ですか？」と聞いてみました。

---------- プロンプト ----------
Bard への質問：この答えはどこから取ってきたのでしょうか
Google Chrome ですか？
------------- End ----------------

----------- 回答 ------------
　Bard の回答：私は、Google 検索を通じて現実世界からの情報に
アクセスして処理し、検索結果と一貫した応答を維持することができ
ます。たとえば、事実のトピックの要約を提供するように求められた
場合、私は信頼できる情報源から最新の情報を使用して要約を提供で
きます。この場合、私は Google 検索を使用して内閣府のウェブサイ
トにアクセスし、2022 年の日本の GDP 成長率に関する最新情報を
取得しました。
------------- End ----------------

　以上のやりとりから、Bard が持つデータ（Bard の学習データは 2023
年 1 月まで）以降の新しいデータは、Google 検索で得られるデータを取っ
てきてくれることが、分かり満足のいく回答でした。**満足度：95 点**

＜専門的な用語＞
　OpenAI の製品や AI は、基本的に次の 3 つ要素から出来ています。そ
れは、プロンプト、トークン、モデルです。それぞれを簡単に説明します。

1）プロンプト
　AI プロンプトは、利用者が生成 AI に対して、あらかじめ定められた
フォーマットで質問することにより、AI が目的に沿った出力を生成する技
術です。プロンプトはユーザーが AI に対して行う「入力」とも言えます。

2) トークン

「トークン」とは、AI が理解する最小の単位です。認識 AI のモデルは、テキストをトークンに分解して理解して処理します。トークンは単語または単なる文字の塊です。たとえば、「ハンバーガー」という単語は「ハム」、「バー」、「ガー」というトークンに分割されますが、「洋ナシ」のような短く一般的な単語は単一のトークンです。多くのトークンは、「hello」や「bye」など、挨拶で始まります。

特定の API リクエストで処理されるトークンの数は、入力と出力の両方の長さによって異なります。大まかな経験則として、1 トークンは英語テキストの場合約 4 文字または 0.75 ワードです。留意すべき制限の 1 つは、テキスト プロンプトと生成される補完を組み合わせたものがモデルの最大コンテキスト長（ほとんどのモデルでは 2048 トークン、つまり約 1500 ワード）を超えてはいけないということです。（参考：Open AI HP）

3) モデル

AI モデルとは、コンピューターに入力されたデータを、統計データなどを解析したり、自律的に行うことで学習し、得られた結果を出力する仕組みのことです。

API は、さまざまな機能と価格帯を持つ一連のモデルを利用しています。GPT-4 は、最新かつ最も強力なモデルです。GPT-3.5-Turbo は、ChatGPT を強化するモデルであり、会話形式用に最適化されています。これらのモデルとその他の提供内容の詳細については、モデルのドキュメントを参照してください。

第 2 節　API の活用

API の説明をします。API とは「Application Programming Interface」の略称です。直訳すると「アプリケーションをプログラミングするためのインターフェース」となります。API は、アプリケーションに他のプログ

ラムを追加するためのものであり、あるアプリケーションの機能を第三
者と共有するための窓口とも言えます。具体的には、特定のソフトウェア
が持つ機能に対して API という窓口を作り、その窓口を通じて外部のア
プリケーションと連携するイメージです。API を利用するためには、「API
キー」と呼ばれる特定の認証キーが必要です。API キーを取得することで、
ユーザーが認証され、一定の条件を満たしたものと見なされます。

　API を利用すると、多くのデータを一度のリクエストで処理すること が
できるため、比較的迅速な応答を期待できます。同様のことを ChatGPT
のプロンプトで処理しようとすると、ユーザーとの対話形式で処理するた
め、結果を得るまでに何回かやり取りを行う必要があるため、応答時間が
長くなる場合があります。

1.ChatGPT の API について

　OpenAI API は、OpenAI が提供する API プラットフォームを利用します。
　このプラットフォームは、GPT-3 のような強力な自然言語処理技術を利
用した API を提供しています。

　OpenAI API を使用すると、さまざまな自然言語タスクを実行すること
ができます。例えば、文章生成、要約、翻訳、感情分析、問答システム、
文章の修正や書き換えなどがあります。API キーを取得して利用すること
ができます。API キーを利用することで、自分のアプリケーションやサー
ビスに自然言語処理の機能を組み込むことができます。

　OpenAI API の利用には制限やコストがかかることに留意してください。
具体的な API キーの取得や利用方法については、OpenAI のウェブサイト
で詳細を確認してください。

ChatGPT APIの使い方

ChatGPTを業務変革や効率化に使うためには、APIの活用が必要と考えるので、その方法を纏めておく。

(1) 環境構築

- Anacondaの仮想環境の作成：chatgpt
- Python 3.10.11
- pip install openai
  ⇒
  Successfully installed aiohttp-3.8.4 aiosignal-1.3.1 async-timeout-4.0.2
  attrs-23.1.0 certifi-2023.5.7 charset-normalizer-3.1.0 colorama-0.4.6 frozenlist-1.3.3 idna-3.4
  multidict-6.0.4 openai-0.27.6 requests-2.30.0 tqdm-4.65.0 urllib3-2.0.2 yarl-1.9.2

- アカウントの作成：https://openai.com/blog/introducing-chatgpt-and-whisper-apisのGet startedで
  アカウント登録を行なう。メールアドレスとパスワードの入力。
- 支払い方法：https://platform.openai.com/account/billing/overviewのPayment methodsで設定
  Hard limitとSoft limitを入力して、月当たりの使用限度額を設定。
- APIキーの発行：
  https://platform.openai.com/account/api-keysにアクセスして、Create new secret key をクリック
  してAPIキーを生成し、コピーしてどこかにバックアップ

図 6-5 OpenAI API 利用のシステム環境

参考文献 (6-2)：OpenAI「APIの使い方」

https://platform.openai.com/docs/plugins/introduction

ChatGPT 自体は API を持っていませんが、OpenAI API を利用することで ChatGPT のような自然言語処理を実現することができます。OpenAI API には、以下のような API があります。

　1) 文章生成 API：GPT-3 と同様の技術を利用して、自然言語で文章を生成する API です。

　ChatGPT 自体は API を提供していませんが、自然言語処理に関する様々な API が存在します。以下にいくつかの代表的な自然言語処理 API を挙げておきます。

　2) Google Cloud Natural Language API: Google が提供する API で、文章の感情分析、構文解析、エンティティ抽出、要約などの機能を提供しています。

　OpenAI は、AI 技術の開発だけでなく、エシックスやプライバシーなど

の重要な問題にも取り組んでいます。OpenAI の取り組みは、AI 技術の発展につながるだけでなく、AI の社会的影響を考慮した持続可能な発展に繋がると期待されています。

　参考文献（6-2）：OpenAI「API の使い方」

　https://platform.openai.com/docs/plugins/introduction

　また、OpenAI の HP に「チャット GPT のカスタム手順」が追加され、ChatGPT の応答方法をより細かく制御できるように、カスタム手順を展開しています。「設定」にカスタム内容を設定すると、ChatGPT を自分用にカスタマイズすることができます。

　参照文献（6-3）：ChatGPT カスタム手順

　https://openai.com/blog/custom-instructions-for-chatgpt

　API の実装例を以下に書きます。

(1) 実装

(i)始めの一歩

```
import openai
openai.api_key= "APIキー"
response = openai.ChatCompletion.create
        model='gpt3.5-turbo',
        messages=[
        {'role': 'user', 'content': 'hi,gpt'}],
        temperature=0.0,
)
print(response)
⇒
{
 "choices": [
   {
     "finish_reason": "stop",
     "index": 0,
     "message": {
       "content": "Hello! How can I assist you today?",
       "role": "assistant"
     }
   }
 ],
 "created": 1683696425,
 "id": "chatcmpl-7EWdt5QTiAdqw9Jg5G3wKNbGFosqY",
 "model": "gpt-3.5-turbo-0301",
 "object": "chat.completion",
 "usage": {
  "completion_tokens": 9,
  "prompt_tokens": 12,
  "total_tokens": 21
 }
}
```

messages内のroleは、各文章において誰が述べたものなのかを明示するもので、system, user, assistantの3種類がある。

・system：messagesの冒頭に配置し、アシスタントの振る舞いを設定する。
・user：アシスタントに対しての指示や質問を設定する。ここにAPIユーザー側として指定する。
・assinstant：アシスタントからの応答（過去の）を設定する。

ChatGPTからの返答

トークン使用量が返る

【参考資料】①Qiita @N4RU投稿日2023年03月29日 更新日2023年04月21日「ChatGPTのAPIをPythonで試してみた」
②Qiita @mikito 投稿日 2023年03月02日「ChatGPTAPI利用方法の簡単解説」

(ii)会話形式の始めの一歩

```
import openai
import sys
openai.api_key= "APIキー"
messages = []
total_tokens = 0 #トークン総消費量
while True:
    try:
        msg = input('User:')
        usr_msg = {'role': 'user', 'content': msg}
        messages.append(usr_msg)
        response = openai.ChatCompletion.create(
                    model='gpt3.5-turbo',
                    messages=messages,
                    temperature=0.0,
        )
        print('¥n' + 'ChatGPT: ' + response['choices'][0]['message']['content'] ¥n')
        #messagesにChatGPT側の返答内容を追加
        messages.append({'role': response['choices'][0]['message']['role'],
                'content': response['choices'][0]['message']['content']})
        total_tokens += int(response['usage']['total_tokens'])
        #messagesの量が一定数を超えたら履歴を古いものから削除
        while len(messages)>6:
            del messages[0]
    except KeyboardInterrupt
        print('Exit')
⇒
```

> コマンドプロンプトに ChatGPT への質問を入力する。

> ここに、直接テキスト形式の入力を書いてもワークする。

> とても簡単に対話アプリケーションが実装できた。

User: What is easy parser for XBRL?
ChatGPT: An easy parser for XBRL is a software tool that can read and interpret XBRL data in a user-friendly way. It can extract relevant information from XBRL documents and present it in a format that is easy to understand and analyze. Some examples of easy parsers for XBRL include Arelle, XBRLAnalyst, and XBRL US Data Quality Suite. These tools can be used by financial analysts, investors, and other stakeholders to quickly and accurately analyze financial data reported in XBRL format.
User: Exit

> Ctrl+c により KeyboardInterruptを行った。

以上 ChatGPT における API の具体的な例の説明です。

参考文献（6-4）：OpenAI API レファレンス

https://platform.openai.com/docs/guides/fine-tuning

　現時点で提供されている API のグループにある代表的なものの機能を以下に示します。(2023 年 5 月現在)

① ChatGPT API:

　ChatGPT API: ChatGPT API は、開発者がカスタマイズしてビジネスアプリケーションに統合し、商用利用や高度な対話処理を実現するためのツールとして提供されています。開発者が ChatGPT をカスタマイズし、自分のアプリケーションやサービスに統合することを可能にします。

② Whisper API:

　テキストから音声への変換サービスを可能にする API の一部です。テキストを自然な音声に変換するための音声合成技術を利用しています。これにより、テキストベースのコンテンツを音声に変換するためのアプリケーションやサービスを開発することができます。

③ DALL·E API:

　画像生成モデルである DALL·E にアクセスするための API です。

　開発者は、テキストの説明から画像を生成するためにこの API を使用することができます。

④ GPT-3.5 Turbo API:

　GPT-3.5 Turbo モデルに基づく高度な言語処理機能を提供する API です。開発者は、文章生成、要約、翻訳、文章の質問応答など、さまざまな言語処理タスクにこの API を活用することができます。

　これらは一部の API ですが、OpenAI は将来的にさらに多様な API を提供する可能性もあります。API の機能や利用方法に関しては、OpenAI の公式ウェブサイトやドキュメントを参照することをおすすめします。

　以上は、Open-AI の例を書いてきましたので、次に Google Bard について記述します。

2.Bard の API とプラグイン

　Bard は会社との契約により、その会社の企業内情報を扱って答えを出すことができます。たとえば、API やプラグインを使用して、会社のシステムからデータを取得したり、会社のアプリケーションと連携したりすることができます。また、Bard は、会社の従業員や顧客から情報を収集することもできます。これらの情報を使用して、Bard は、会社の製品やサービスに関する質問に回答したり、会社のビジネスに関するレポートを

作成したりすることができます。Bard API を使用するには、まず Google Cloud Platform のアカウントを作成する必要があります。アカウントを作成したら、API とサービスから Bard API を選択します。次に、API キーを作成します。API キーを作成したら、それを Bard API の設定に追加します。設定を完了したら、Bard API を使用してテキストを生成し、言語を翻訳し、さまざまな種類のクリエイティブなコンテンツを作成し、質問に有益な方法で答えることができます。Bard API を使用する場合、Google Cloud Platform の利用規約に同意する必要があります。利用規約は、Google Cloud Platform のウェブサイトから確認できます。Bard API の詳細については、Google Cloud Platform のウェブサイトをご覧ください。

　Bard API のプラグインを使用するには、まずプラグインをインストールする必要があります。プラグインをインストールしたら、Bard API の設定で有効にします。設定を完了したら、Bard API を使用して、プラグインが提供する機能を利用できます。

　Bard API サービスには次の種類があります。

サービス	API 名	説明
テキスト生成	Text Generation API	テキストを生成します。
言語翻訳	Translate API	言語を翻訳します。
クリエイティブコンテンツの作成	Creative Content API	詩、コード、スクリプト、音楽作品、メール、手紙などのクリエイティブなテキスト コンテンツを作成します。
質問への回答	Question Answering API	質問に包括的かつ有益な方法で回答します。

これらのサービスは、開発者、企業、個人がさまざまなタスクを実行するために使用できます。たとえば、開発者はテキスト 生成サービスを使用して、アプリケーションのユーザー インターフェイスを作成したり、ナレーションを作成したりできます。企業は言語翻訳サービスを使用して、コンテンツを複数の言語に翻訳したり、世界中の顧客とコミュニケーションしたりできます。個人はクリエイティブ コンテンツの作成サービスを使用して、詩、コード、スクリプト、音楽作品、メール、手紙などのクリエイティブなテキスト コンテンツを作成できます。

　日本語から英語に翻訳する Translate API の例を以下に示します。

```
------------------------------------------------------------
curl -X POST \
-H "Authorization: Bearer YOUR_API_KEY" \
-H "Content-Type: application/json" \
-d '{
"text": " これは日本語のテキストです。"
}' \ https://api.bard.ai/v1/translate
```

このリクエストは、日本語のテキスト " これは日本語のテキストです。" を英語に翻訳します。応答は、次のようになります。

コード スニペット

```
{
"text": "This is a Japanese text."
------------------------------------------------------------------
```

Translate API は、テキストを 100 以上の言語に翻訳できます。

参考文献（6-5）Bard API の説明
https://bard.google.com/
以上 API の例を記述しました。（Google　Bard から入手資料です）

＜ Bard のプラグイン（Plugin）について＞

　Bard API を選択して使用すると、Bard の AI を直接使用できます。一方、プラグインを使用すると、Bard の AI を別のアプリケーションに接続できます。たとえば、WordPress プラグインを使用すると、WordPress サイトに Bard の AI を接続して、テキストを生成し、言語を翻訳し、クリエイティブなコンテンツを作成したり、質問に回答したりできます。

　プラグインは、Bard の AI を別のアプリケーションに接続する簡単な方法です。プラグインを使用すると、コードを書く必要がなく、Bard の AI をすぐに使用できます。

第 3 節　生成 AI の課題（画像、イラスト、絵画系）

1. 画像、イラスト、絵画系生成 AI

　自然言語系生成 AI を除く生成 AI でできることは、多岐にわたります。

　画像生成：生成 AI は、与えられた画像データセットに基づいて新しい画像を生成することができます。例えば、GAN はリアルな写真のような新しい画像を生成することが可能です。

　音声合成：生成 AI は、与えられた音声データセットに基づいて新しい音声を生成することができます。例えば、音声アシスタントやキャラクターの声の合成に使用されます。

　生成 AI を使用して画像、イラスト、絵画を作成するためのいくつかの製品や手法があります。以下に代表的なものをいくつか紹介します。

　StyleGAN（Generative Adversarial Networks）：StyleGAN は、ディープラーニングの一種である GAN を使用して画像生成を行う手法です。StyleGAN は、リアルな人物の顔や幻想的な風景など、様々な種類の画像を生成することができます。OpenAI が開発した StyleGAN2 などのバージョンがあります。

　DeepArt: DeepArt は、画像スタイル変換のためのオンラインプラットフォームです。ユーザーは自分の写真をアップロードし、有名な絵画のス

タイルや他の画像の特徴を組み合わせることで、独自のイラストや絵画を生成することができます。

Prisma: Prisma は、スマートフォンアプリで利用できる生成 AI ベースのイメージフィルタリングアプリです。ユーザーは写真をアプリにアップロードし、さまざまな芸術的なスタイルに変換することができます。

DALL-E: DALL-E は、OpenAI が開発した生成 AI の一つであり、テキストの説明に基づいてイメージを生成することができます。ユーザーは単語やフレーズを入力し、それに基づいて独自のイメージを生成することができます。

これらの製品や手法は、異なるアルゴリズムやモデルを使用しており、画像生成のためにディープラーニングや生成モデルを活用しています。これらのモデルは、大量のトレーニングデータを使用して学習し、新しい画像やイラストを生成するためのパターンや特徴を抽出します。生成 AI は、トレーニングデータのパターンに基づいて新しい画像を合成し、独自のアート作品を作り出します。

1）生成 AI で写真作成

Adobe Express　Beta 版を使用して、図 6-6 の写真を作成してみました。手順としては、アプリを立ち上げて、左の Box にテキスト入力（英語）で、どんな写真を入れたいかを記述します。例えば、「森の中を歩いている日本の青年が鳥を見ている写真」を英文にして、その要求に似た写真を作成してくれます。

図 6-6　生成 AI で作成した写真

　このアプリには、今回の写真を例に説明すると森の写真や人、鳥など多
数の写真が保存されており、こちらが指定した対象物を選んで、写真を作っ
てくれるのです。

2. 著作権の課題

　生成 AI による著作権問題が発生する分野として、特に作成された画像やイラストや映像などのデジタル形式での保存物が、著作権の観点からいくつかの重大な著作権問題が存在すると思います。生成 AI の種類と発展段階におけるいくつかの段階で考えてみます。

　トレーニングデータの著作権：生成 AI は、トレーニングに使用されるデータから学習します。トレーニングデータには、既存の画像やイラストが含まれる場合があります。これらのデータが著作権で保護されている場合、生成された作品も同様に著作権の対象となる可能性があります。

　アルゴリズムやモデルの著作権：生成 AI のアルゴリズムやモデル自体も、著作権の保護を受ける可能性があります。この場合、生成 AI を使用して作成された画像やイラストは、著作権保護の対象となる可能性があります。

　創作性の要素：著作権法では、創作性のあるオリジナルな表現が著作物とみなされます。生成 AI によって作成された画像やイラストが十分な創作性を持つかどうかは、個別の事例に依存します。一部の国や地域では、機械が生成した作品の著作権所有者は AI 自体や AI を制御した人物とされる場合もあります。

　使用目的とライセンス：生成 AI が提供する画像やイラストをどのように使用するかによっても著作権の状況が変わる場合があります。商業利用や再配布、変更など、具体的な使用目的に応じて適切なライセンスや許諾が必要になる場合があります。

　生成 AI によって作成された画像やイラストが著作権を侵害しているかどうかは、個別の事例によって異なるということです。特に商業利用や公開などで使用する場合には、著作権について注意深く検討し、必要なライセンスや許諾を取得することが重要です。著作権を管理する組織は、国や地域によって異なります。以下に一般的な著作権管理組織の種類とその規則の一般的な概要を示します

　著作権管理団体：著作権管理団体は、作家、芸術家、音楽家などの著作

権所有者の権益を保護し、管理する組織です。これらの団体は、著作権の登録や管理、著作権使用の許諾やライセンス契約の取り交わしを行います。代表的な著作権管理団体には、米国の ASCAP や BMI、日本の JASRAC などがあります。

著作権法：各国や地域は、著作権を保護するための法律を定めています。これらの法律は、著作権の範囲、保護期間、著作権所有者の権利や義務、違反行為に対する制裁などを規定しています。著作権法は国や地域によって異なるため、特定の国や地域の法律を参照する必要があります。

国際的な著作権協定：国際的な著作権協定や条約も存在し、著作権の保護や管理に関する共通の原則やルールを定めています。例えば、ベルヌ条約や WIPO 著作権条約などがあります。これらの協定には、著作権の相互承認や権利侵害の防止などが含まれています。

著作権管理団体や著作権法の規則は、著作権保護のための登録手続き、使用許諾の取得、著作権侵害の報告手続きなどを含んでいます。また、特定の使用目的や利用形態によっても規則が異なる場合があります。

＜絵画やイラストについて＞

日本で絵画やイラストの著作権管理を担当する主な組織は以下の通りです。

日本美術著作権協会（BASCA）：日本美術著作権協会は、絵画やイラストなど美術作品の著作権管理を行っています。BASCA は、著作権登録や著作権の管理、著作権使用の許諾などを行い、著作権保護に関する相談も受け付けています。

日本著作権協会（JASRAC）：日本著作権協会は、音楽だけでなく絵画やイラストなど幅広い著作物の著作権管理を行っています。JASRAC は、著作権の登録、著作権使用の許諾、著作権使用料の徴収などを担当しています。これらの組織は、著作権法に基づいて著作権の保護と管理を行っています。実は、この本の表紙のイラストは、出版社に依頼して、こちらの希望を「AI の本らしいイメージにしてほしい」と伝え、イラストレーターと AI に作ってもらい AI の方を採用しました。

＜ NFT による著作権管理の可能性＞

NFT（Non-Fungible Token）は、ブロックチェーン技術を使用してデジタルアセットの一意性や所有権を確立するための仕組みです。デジタルアセット（Digital Asset）は、デジタル形式で存在する価値を持つ資産について、NFT は、所有権を証明できる管理方法が考えられます。

デジタルデータの所有権の確立と追跡として、NFT は、ブロックチェーン技術を使用してデジタルアセットの所有権を確立します。NFT は一意の識別子を持ち、ブロックチェーン上の分散台帳に所有者の情報が記録されます。これにより、デジタルアセットの所有権を透明かつ信頼性のある方法で追跡することができます。所有権の移転や販売に関する履歴も公開されるため、不正な所有権主張や二重販売を防止することができます。

こうした NFT による著作権が証明できる可能性がある代表的なデジタルアセットの例をいくつか挙げます。

- デジタルアート：デジタル絵画、イラスト、写真などのデジタルメディアで作成された芸術作品です。
- 音楽ファイル：デジタル音楽トラック、アルバム、サウンドエフェクトなどの音楽関連のデジタルデータです。
- ゲームアイテム：オンラインゲームや仮想世界内で使用される仮想的なアイテムやキャラクター、武器、衣装などのデジタルアセットです。
- ビデオコンテンツ：映画、テレビ番組、Web 動画などのデジタルビデオコンテンツがデジタルアセットとして扱われます。

この他にも、デジタルコレクションアイテムとして、トレーディングカード、バーチャルスタンプ、バーチャルコインなども技術的には管理できる可能性がありますが、管理をするには、委託する公的な組織が求められます。

＜第 6 章　参考文献＞

文献（6-1）：OpenAI Terms of use（Updated March 14,2023）
　　　　　　　https://openai.com/pollcied/term-of-use
文献（6-2）：OpenAI「API の使い方」
　　　　　　　https://platform.openai.com/docs/plugins/introduction
文献（6-3）：ChatGPT カスタム手順
　　　　　　　https://openai.com/blog/custom-instructions-for-chatgpt
文献（6-4）：OpenAI API レファレンス
　　　　　　　https://platform.openai.com/docs/guides/fine-tuning
文献（6-5）：Bard　API の説明
　　　　　　　https://bard.google.com/

第7章
セキュリティとデータ管理

　情報セキュリティを考えるときの基本として、まず、情報セキュリティとは、企業の情報システムを取り巻くさまざまな脅威から、情報資産を機密性・完全性・可用性（3 要素）の確保を行いつつ、正常に維持することです。情報セキュリティの 3 要素とは、「**機密性**」（Confidentiality）、「**完全性**」（Integrity）、「**可用性**」（Availability）の 3 つの要素のことです。「機密性」は限られた人だけが情報に接触できるように制限をかけること。「完全性」は不正な改ざんなどから保護すること。「可用性」は利用者が必要なときに安全にアクセスできる環境であることです。

　この基本を踏まえた上で、生成 AI を考えた場合、機密性・完全性が問題になって来ると思います。本書では、主に自然言語処理系の ChatGPT や Bard を主な対象に述べてきましたが、**生成 AI には、画像生成 AI も含まれます**。画像生成 AI に関しては、著作権侵害の問題も生じています。写真や Web 上に表示されている著作物の扱いについて、国際的な著作権に関する考え方として、クリエイティブ・コモンズがあり、これは、著作権に対する新しいルールのことです。

　具体的には、『著作者が提示する条件を満たしていれば、画像やイラスト、音楽などを使用して良い』という取り決めのことです。クリエイティブ・コモンズは、国際的に活動して、この考えを普及させています。また、日本の政府機関の例として、経済産業省ウェブサイトは、多くの利用者に確実かつ正確に情報伝達が行われることを目指し、「経済産業省ウェブアク

セシビリティ方針」を策定しています。

参考文献（7-1）：経済産業省における行政情報の電子的提供の推進に関する
実施方針

<用語解説>
・クリエイティブ・コモンズは、クリエイティブ・コモンズ・ライセン
　ス（CC ライセンス）を提供している国際的非営利組織とそのプロジェ
　クトの総称です。CC ライセンスとはインターネット時代のための新
　しい著作権ルールで、作品を公開する作者が「この条件を守れば私の
　作品を自由に使って構いません。」などと表示する。
・クリエイティブ・コモンズ【表示 4.0 国際】ライセンスの表記方法
　※ FIND/47 に掲載されている情景写真は、クリエイティブ・コモン
　ズ【表示 4.0 国際】ライセンスに従うかぎり、商用利用を含め、自由
　に複製または改変して利用することが可能です。利用する際は、権利
　撮影者の名前を、作品タイトルおよびクリエイティブ・コモンズ【表
　示 4.0 国際】ライセンスの URL 表記、またはハイパーリンクと共に、
　利用する媒体の閲覧者が見える場所に記載する必要があります。

第 1 節　生成 AI における情報の取り扱い（情報漏洩）

　まず、生成 AI のデータ取り扱いについて、セキュリティ上の懸念点を
企業の観点から考えると第 1 に「生成 AI に入力された情報が AI の学習
に使われていないか？（情報漏洩）」、次に個人の観点から　第 2 に「個
人情報の取り扱いはどうなっているか？（個人情報漏洩）」という懸念が
あります。つまり、個人や企業の情報が漏洩していないかという懸念を調
べてみました。
　これについて、ChatGPT に情報漏洩について問い合わせてみました。

---------- プロンプト ----------

質問：情報セキュリティについて調べています。GPT のプロンプト
　　　に入力したデータは、保存されますか？

------------　End　---------------

---------- 　回答　-----------

回答：GPT は、入力されたデータを保存することはありません。
　　　GPT は、入力されたデータを元にモデルをトレーニングし、
　　　出力を生成するために使用されますが、情報は収集や永続的な
　　　保存の目的で使用されることはありません。ただし、ご質問や
　　　対話の品質向上のために、OpenAI は匿名化されたデータを分
　　　析し、モデルの改善や研究に活用することがあります。
　　　また、私が提供する情報は一時的なものであり、正確性や最新
　　　性を保証するものではありません。 GPT は、入力されたデー
　　　タを元にモデルをトレーニングし、出力を生成するために使用
　　　されます。このプロセスは、オンラインで行われ、ユーザー
　　　の情報はセッション終了後に削除されます。ただし、一部の
　　　GPT モデルは、トレーニングに使用されたデータを含むデー
　　　タセットが公開されることがあります。その場合は、データが
　　　保存される可能性があります。ただし、一般的に、GPT を使
　　　用して入力されたデータは、保存されません。

------------　End　---------------

　という回答ですので、**質問などでプロンプトに入力したデータは、基本
的に GPT は、そのデータを使用することはないという見解**です。これに
関連した情報として、＜ Opt In , Opt Out の説明＞第 5 章　190 頁前後の
記載を参考にしてください。

　第 2 の懸念点として「個人情報の取り扱いはどうなっているか？」と
いう疑問があります。つまり、個人情報の漏洩はないか？　という懸念
です。生成 AI が使用する大量のデータは、基本的に Web 上にある情報

です。つまり、インターネット上にあるデータに重要な個人情報が含まれていたら、それは重要な問題となります。個人情報を漏らした組織が第一に問題を起こした責任を取るべきであり、直ぐに削除すべきです。生成AIは、通常のWeb情報から必要なデータを集めているので、そのことが問題とは言えないと考えますが、情報の扱い方には、方針が必要です。

この個人情報の取り扱いについて、Googleは、「AI利用における基本方針」を発表していますので、以下に記載します。

「AI利用における基本方針」

Googleの AIの利用基本方針として、7項目を挙げており、その内容を記載します。

1. 社会にとって有益である

新しいテクノロジーの普及は、ますます社会全体に影響を与えるようになっています。AIの進歩は、医療、セキュリティ、エネルギー、交通、製造、エンターテイメントなど、幅広い分野に大きな変化をもたらすでしょう。AI技術の開発・利用の可能性を検討するにあたっては、幅広い社会的・経済的要因を考慮し、期待できる全体的な利点が、予測可能なリスクやマイナスをはるかに上回ると判断した場合に、開発・利用を進めます。

AIは、コンテンツを理解するという処理を大規模に行う能力を強化します。Googleは製品を提供する各国の文化的、社会的、法的規範を引き続き尊重しながら、AIを活用して高品質かつ正確な情報を人々が容易に入手できるよう努めます。そして、Googleのテクノロジーをどのような場合に、非営利目的で提供するかについて、引き続き慎重に検討します。

2. 不公平なバイアスの発生、助長を防ぐ

AIのアルゴリズムやデータセットは、不公平なバイアスを反映したり、強化したり、反対にそれらを緩和することもできます。あるバイアスが公平か、不公平かを判断することは必ずしも容易ではなく、文化や社会的背景によってその判断が分かれます。しかしながら、特に人種、民族、性別、

国籍、所得、性的指向、能力、政治的または宗教的信念などといった繊細なトピックにおいて AI が不当な影響を与えることがないよう努めます。

3. 安全性確保を念頭においた開発と試験

　害を及ぼす可能性のある予期せぬ事象の発生を避けるために、Google は継続的に強固な安全性とセキュリティ対策の実践、強化に努めます。Google は自社の AI システムに適切な慎重性を組み込み、AI セーフティ研究のベストプラクティスに沿って開発を行うことを目指します。しかるべき場合には、AI 技術をコントロールされた環境下でテストし、運用開始後も動作のモニタリングを行います。

4. 人々への説明責任

　Google は、フィードバックをしたり、関連する説明を求めたり、異議を唱える機会を提供できるように AI システムを設計します。Google の AI 技術は、人間による適切な指示、およびコントロール下に置かれます。

5. プライバシー・デザイン原則の適用

　Google は、AI 技術の開発および利用に Google のプライバシー原則を適用します。プライバシーに関する通知および同意の機会を提供し、プライバシー保護が組込まれたアーキテクチャを推奨すると共に、データ利用に適切な透明性およびコントロールを提供します。

6. 科学的卓越性の探求

　技術革新は、科学的な手法と、オープンな考察、学問的厳密性、整合性、およびコラボレーションへのコミットメントに根ざしています。AI ツールは、科学の新たな領域を切り拓き、生物学、化学、医学、環境科学などといった分野において、新たな知識を生み出す可能性を秘めています。Google は AI 開発を進めるにあたり、高水準の科学的卓越性を目指します。
　また、科学的に厳密で、学際的なアプローチを用い、多様なステークホルダーと協力して、この分野における思慮深いリーダーシップの促進に努めます。加えて、より多くの人々が有用な AI の利用方法を開発できるよ

う、Google は教育用コンテンツやベストプラクティス、リサーチを通じ、責任ある形で AI の知識や知見を共有します。

7. これらの基本理念に沿った利用への技術提供

多くのテクノロジーには、様々な利用方法があります。Google は、有害もしくは悪質な可能性のある利用を制限するよう努めます。AI 技術の開発や提供にあたって、Google は想定される用途を以下の要件に沿って検証します。

主な目的と用途：テクノロジーやその利用方法の主な目的と想定される用途。（これには、当該ソリューションが有害な用途にどれくらい関連しているか、もしく有害な利用への転用可能性等の観点を含みます）

技術の性格や独自性：Google が提供する技術が独自性のあるものか、または一般に広く提供されているものであるか

スケール（規模感）：当該テクノロジーの利用が重要な影響を持つかどうか Google の関与のあり方：どのような目的にも使える汎用的なツールの提供なのか、特定の顧客のためにツールを組み込むのか、もしくはカスタムソリューションの開発なのか

参考文献（7-2）：Google「AI 利用における基本方針」
https://japan.googleblog.com/2019/07/ai.html

以上 Google は、「AI 利用における基本方針」の中で、プライバシー保護を明記していますが、企業情報の活用や漏洩についての記述は、特にありません。Bard や ChatGPT との利用契約をするときに、十分に自社の企業情報の扱いについて配慮する必要があります。

また、Google は、**「私たちが追求しない AI 利用」**も発表しています。これは、人と AI との関わりについての Google の見解で参考になります。「上記の基本方針に加えて、以下のような分野においては、AI の設計及び提供はしません。総合的にみて有害または有害な可能性があるテクノロ

ジーの重大なリスクが認められる場合、利点が大幅にリスクを上回る場合にのみ関与し、その場合も適切な安全上の制約を組み込みます。

　人々に危害を与える、または人々への危害の直接的な助長を主目的とした、武器またはその他の技術。国際的に認められた規範に反するような監視のために、情報を収集、利用するためのテクノロジーではありません。広く一般的に認められた国際法の理念や人権に反する用途のための技術ではありません。

　Google は武器利用のための AI 開発を行なうことはありませんが、それ以外の領域において各国政府機関や軍事・防衛に関わる組織との協力はこれまで通り継続します。これらには、サイバーセキュリティ、トレーニング、隊員募集、退役軍人向け医療、人命捜索や救助などが該当します。このような協力は重要であり、Google は積極的にこれら組織の重要業務をサポートし、国防関係者や市民の安全を確保する方法を模索していきます。」

　参考文献（7-3）：Google「私たちが追求しない AI 利用」

　以上、Google の「AI の利用基本方針」と「私たちが追求しない AI 利用」を読む限り、書いてある内容は、評価できると思います。1 つの企業がここまで考えて表明するのは、AI の先進企業である Google ならではのことと考え敬意を表します。ですから、この方針通り実施されることが望ましいと思います。また、日本においても、総務省の AI ネットワーク社会推進会議「報告書 2021」では、各事業者等の AI 倫理・ガバナンスに関する取組について、「指針・ガイドライン・原則」、「組織・体制」、「セキュリティ」、「プライバシー」、「公平性」、「透明性・アカウンタビリティ」、「適正利用」、「品質保証・開発レビュー」という項目を作り、検討しています。しかし、これは、生成 AI が昨今の急速な発展する現時点では、生成 AI を自然言語系（GPT や Bard）の文章生成の汎用的な大規模言語モデルだけでなく、画像生成系 AI（画像とイラスト）の 2 種類について課題と対策を考えることが急務となっています。教育現場でも、生成 AI の取り扱いについて、学生にどう指導するかを検討しており、文部科学省は、初等教育と大学・高専に分けてガイドラインを作成しています。

・初等中等教育段階における生成 AI の利用に関する暫定的なガイドライン https://www.mext.go.jp/a_menu/other/mext_02412.html

・大学・高専における生成 AI の教学面の取扱いについて https://www.mext.go.jp/b_menu/houdou/2023/mext_01260.html

第2節 セキュリティ上の課題と対策

1. 生成 AI (ChatGPT や Bard) の課題

文章生成の汎用的な大規模言語モデル（ChatGPT や Bard）については、第6章 第1節 生成 AI の課題 のなかで下記の問題点をあげて、特に利用する上での問題を考えましたが、この第2節では、では、セキュリティ上の課題について、解決策を考えます。ここで取り上げるのは、特に、**情報漏洩（企業の機密情報）** について考え、それぞれの問題点について検討したいと思います。ChatGPT は、12 年間にわたる大量の Web クロールデータ（＊注）や英語版 Wikipedia などペタバイト級の大量の情報を基に、ChatGPT ユーザーが入力した文章（プロンプト）も学習していると言われています。したがって、過去に誤って公開された機密情報を含む可能性のある Web ページや、ユーザーが誤入力した社外秘や個人情報なども学習している可能性があります。　＊注）Web クロールデータは、自動的に収集されたインターネット上の情報です。Web クローラーが複数のウェブページを探索し、関連する情報を収集します。ChatGPT は、このようなデータの一部を学習に使用しています。

自然言語系生成 AI は、情報漏洩についてどう認識しているかを確認したく、私の方で Google Bard に直接聞いてみました。

---------- プロンプト ----------

質問：「社会では、生成 AI が集めてくるデータや作成したもののが、
　　　著作権の侵害をしているのではないか？」 という意見もあり
　　　ますが、どう考えて対応しますか？

------------- End ----------------

----------- 　回答　------------

回答：生成 AI が集めてくるデータや作成したものが著作権を侵害し
ているという意見は、理にかなっていると思います。AI は大
量のデータを学習して、新しいコンテンツを生成する能力を
持っています。しかし、その学習データには、他の人の著作物
が含まれている可能性もあります。そのため、AI が生成した
コンテンツが、元の著作物に依存している場合、著作権侵害の
可能性があると考えられます。

この問題に対処するために、いくつかの考えられる解決策があ
ります。

1 つの解決策は、AI が生成したコンテンツに著作権を付与す
ることです。これにより、AI の所有者は、コンテンツの複製、
配布、および表示を制御することができます。

もう 1 つの解決策は、AI が学習できるデータの種類を制限す
ることです。これにより、AI が著作権で保護されたコンテン
ツを学習することを防ぐことができます。

最終的には、生成 AI が集めてくるデータや作成したものが著
作権を侵害しているかどうかを判断するのは、裁判所の役割で
す。しかし、この問題は複雑で、まだ完全には解決されていな
いことに注意することが重要です。

------------ 　End　---------------

　この回答は、とても常識のある答えであり、解答案も 2 つ提案してい
ます。

　第 1 は、AI が生成したコンテンツに著作権を付与することです。これ
により、AI の所有者は、コンテンツの複製、配布、および表示を制御す
ることができます。（この提案は、ＡＩの所有者である立場上の意見のよ
うに著者は感じます）

　第 2 は、AI が学習できるデータの種類を制限することです。これにより、
AI が著作権で保護されたコンテンツを学習することを防ぐことができま
す。（こちらの意見には、賛成です。AI が学習するデータには、著作権の

あるものも含まれるはずです。）

　社会では、この第 2 の方を気にしている人が多い様に思えますが、作成者の立場と使う立場での合意形成を図る必要があります。

　また、個人や会社が生成 AI とやり取りするときに、プロンプトにデータを入力することがありますが、この時にセキュリティ管理について、Google　Bard にセキュリティの方針を聞いてみました。

---------- プロンプト ----------

質問：Bard さんとデータのやり取りをするときに、セキュリティが
　　　気になりますが、どんな方針でセキュリティ管理をしていますか？
------------　End　----------------

---------- 　回答　------------

回答：Bard は、Google AI の安全で責任ある AI の原則に従って設計および開発されています。これらの原則の 1 つは、お客様のデータのセキュリティとプライバシーを保護することです。そのために、Bard では次のセキュリティ対策を講じています。
データの暗号化：Bard に保存されているすべてのデータは、暗号化されています。これにより、許可されていないユーザーがデータにアクセスすることを防ぎます。
アクセス制御：Bard にアクセスできるのは、許可されたユーザーのみです。アクセス制御は、ユーザーの ID とパスワードを使用して行われます。

監視：Bard のシステムは、不正なアクティビティを監視するために 24 時間年中無休で監視されています。これにより、セキュリティインシデントが発生した場合に迅速に対応することができます。
セキュリティ体制の継続的な改善：Bard のセキュリティ体制は、継続的に改善されています。これは、新しいセキュリティ

脅威やベストプラクティスに常に対応するためです。

さらに、Bard は Google のインフラストラクチャ上で実行されているため、Google の厳格なセキュリティ基準の対象となります。Google は、データのセキュリティとプライバシーを保護するために、業界をリードするセキュリティ対策を講じています。

これらのセキュリティ対策により、Bard を使用してデータを送信しても安全であると確信できます

この回答は、マニュアル的なので、更に追加の質問を送りました。

---------- プロンプト ----------

質問２：「ご説明をありがとうございます。もう少し具体的に説明を
　　　　　追加してくれますか？」

------------- 　End　 ----------------

----------- 　回答　 -----------

回答２：Bard が講じているセキュリティ対策の詳細をいくつかご紹介します。

　　　　1) データの暗号化：Bard に保存されているすべてのデータは、暗号化されています。これは、データが読み取り可能なテキストに変換される前に、一連の乱数に変換されることを意味します。この暗号化キーは、Bard サーバーにのみ保存され、誰にも知られていません。これにより、許可されていないユーザーがデータを読み取ることができなくなります。

　　　　2) アクセス制御：Bard にアクセスできるのは、許可されたユーザーのみです。アクセス制御は、ユーザーの ID とパスワードを使用して行われます。ユーザーの ID とパスワードは、Google の厳格なセキュリティ基準に従って保存されます。これにより、許可されていないユーザーが Bard にアクセスすることを防ぐことができます。

3) 監視：Bard のシステムは、不正なアクティビティを監視するために 24 時間年中無休で監視されています。この監視は、人工知能（AI）を使用して行われ、不正なアクティビティの兆候を検出します。これにより、セキュリティインシデントが発生した場合に迅速に対応することができます。
4) セキュリティ体制の継続的な改善：Bard のセキュリティ体制は、継続的に改善されています。これは、新しいセキュリティ脅威やベストプラクティスに常に対応するためです。

Bard のセキュリティ体制は、Google のセキュリティチームによって定期的にレビューされ、必要に応じて更新されます。
これらのセキュリティ対策により、Bard を使用してデータを送信しても安全であると確信できます。
------------ End ----------------

　Bard から 4 つの具体例の回答により、やっと満足する回答が来ました。これを読む限り、Google Bard は、セキュリティ対策を取っていると思われます。次に、OpenAI（GPT）の方は、どう考えているのかを調べました。

---------- プロンプト ----------
質問：ChatGPT は、私が入力した情報について、他の人に伝わることは、ありませんか？
------------ End ----------------

---------- 回答 ------------
回答：私はユーザーの入力と会話のコンテキストを覚えることはありますが、会話の内容はユーザーのプライバシーを保護するために保存や共有はされません。OpenAI はユーザーのプライバシーに配慮し、会話データを匿名化および保護するための適切な対策を講じています。

　　　　ただし、OpenAI は一部の例外を除いて、一般的なトレーニン
　　　　グと改善のためにデータを収集しています。これには、会話デー
　　　　タが一時的に OpenAI のシステムに送信されることが含まれ
　　　　ますが、個別のユーザーとの関連付けや識別はされません。
　　　　重要なことは、私は生成されたテキストに対してアクセスで
　　　　きるだけであり、個別のユーザー情報や会話の詳細は保存さ
　　　　れないことです。プライバシーとセキュリティについては、
　　　　OpenAI のプライバシーポリシーやセキュリティプラクティス
　　　　を参照することをおすすめします。

　という回答で、プロンプトに入力した情報は、外部用には、使用しない
という回答です。
　次に、私の質問として、個人情報とセキュリティについて聞いてみまし
た。

---------- プロンプト ----------
質問：OpenAI のプライバシーポリシーやセキュリティプラクティス
　　　を教えてください。
------------- 　End　 ---------------

----------- 　回答 　------------
回答：OpenAI のプライバシーポリシーとセキュリティプラクティス
　　　について、以下の要点をご紹介いたしますが、最新の情報を確
　　　認するためには OpenAI の公式ウェブサイトで直接参照して
　　　ください。

プライバシーポリシーの要点：
1.　　データ収集と使用：OpenAI は、ユーザーから提供された情報
　　　を適切に保護し、収集したデータを匿名化・集約化して使用し
　　　ます。具体的な目的は OpenAI のサービスの向上や研究開発
　　　に関連します。

2. データ共有：OpenAI は、法的要請やコンプライアンス義務を果たすために必要な場合を除き、ユーザーのデータを第三者と共有しません。

3. セキュリティ対策：OpenAI は、適切な技術的・組織的措置を講じてユーザーデータのセキュリティを保護します。情報への不正アクセスや漏洩を防止するための安全策を実施しています。

セキュリティプラクティスの要点：

1. データ保護：OpenAI は、ユーザーデータの保護に向けた技術的な対策を実施します。これには、アクセス制御、暗号化、脆弱性の定期的な監査とパッチ適用などが含まれます。

2. スタッフの教育とアクセス制御：OpenAI のスタッフは情報セキュリティに関する教育とトレーニングを受け、適切なアクセス制御が実施されています。データへの不正なアクセスを防止するため、スタッフのアクセス権は最小限に制限されます。

3. サードパーティとの関係：OpenAI は、セキュリティに関連するサードパーティとの契約や関係を確立し、データの保護を担保します。

これらは OpenAI の一般的なプライバシーポリシーとセキュリティプラクティスの要点です。最新の情報や詳細な内容については、OpenAI の公式ウェブサイトでプライバシーポリシーやセキュリティに関するドキュメントをご確認ください。

------------- End ----------------

上記のとおり、OpenAI も「プライバシーポリシー」と「セキュリティプラクティス」を作成しており、これを遵守するということですから、ユーザーデータの保護の観点から、使用側がプロンプトに入力したデータは、外部に漏洩せず、情報は保護されると考えられます。

次に、企業が ChatGPT を使うときに課題として、企業の機密情報の取り扱いが問題になります。そこで質問を考えました。

---------- プロンプト ----------

質問：企業の機密情報について、聞きます。企業が自分の会社データを使いたい場合、GPT とつなぐ方法を教えてください。

------------　End　---------------

-----------　回答　------------

回答：企業が自社の機密情報を OpenAI の GPT と結び付ける方法について説明します。

1.　オンプレミスのインストール：会社が自社のデータと GPT を統合する場合、オンプレミスインストールを検討することができます。この場合、OpenAI の GPT モデルを自社のサーバーやインフラストラクチャに展開し、データに直接アクセスすることができます。ただし、オンプレミス展開には専門知識とリソースが必要です。

2.　プライベート API アクセス：OpenAI は、企業向けにプライベート API アクセスを提供している場合があります。これにより、企業は自社のデータを GPT に送信し、応答を受け取ることができます。プライベート API は、通常の API とは異なり、よりセキュリティが強化された環境でデータを処理します。

3.　データマスキングや匿名化：機密情報を保護しながら GPT と結びつけたい場合、データマスキングや匿名化の手法を使用することができます。企業データから特定の機密情報を削除したり、一部の情報を置き換えたりすることで、セキュリティを確保しながら GPT にデータを提供することができます。

重要な点は、企業が自社の機密情報を保護しながら GPT と連携するためには、セキュリティを最優先に考える必要があるということです。セキュリティ専門家との協力や企業のセキュリティポリシーに基づいた適切な対策を講じることが重要です。また、OpenAI と直接連絡を取り、提供されている API やサー

上記の回答での要点は以下のとおりです。

1）オンプレミスのインストール：自社に ChatGPT を置くということ
　　です。自社でのハードとソフト及びスキルのある人材が必要になり
　　ます。

2）プライベート API を使用する：企業は自社のデータを GPT に送信し、
　　応答を受け取ることができます。プライベート API は、通常の API
　　とは異なり、よりセキュリティが強化された環境でデータを処理し
　　ます。

3）データマスキングや匿名化：通信を行う上で、データマスキングと
　　匿名化は、プライバシーやセキュリティの観点から個人情報や機密
　　データを保護するための手法です。

以上から、OpenAI（GPT）と企業を繋ぐ場合において、機密情報保護の
情報セキュリティ対策も取られていると判断できます。

では、次に、**技術的な観点で情報漏洩の危険性**を GPT に聞いてみました。

---------- プロンプト ----------
質問：ChatGPT では、技術的な観点により、情報漏洩が起きない対
　　　策を取っていますか？
------------- End ----------------

----------- 回答 ------------
回答：プライベート API アクセスを使用して、企業が自社のデータ
　　　を OpenAI の GPT に連携する際に情報漏洩を最小限に抑える
　　　ためのいくつかの方法を以下に示します。情報漏洩を防ぐため
　　　に、企業は自社のデータを OpenAI の GPT などの外部サービ
　　　スとやり取りする際に、TLS（＊）などの暗号化された通信プ
　　　ロトコルを使用することが非常に重要です。これにより、デー

タが安全に送受信され、セキュリティ上のリスクが最小限に抑えられます。

1. アクセス制御と認証：企業は、プライベート API へのアクセスを適切に制御し、認証メカニズムを導入することが重要です。これにより、権限のないユーザーがデータにアクセスできないようになります。強力な認証手段（例：API キー、トークンベースの認証）を使用して、正当なユーザーのみが API にアクセスできるようにします。

2. データマスキングと匿名化：機密情報を含むデータを API に送信する前に、必要に応じてデータマスキングや匿名化を行うことが重要です。これにより、個人識別可能な情報や特定の機密データが保護され、漏洩のリスクが低減されます。

3. 監視とログ管理：企業は API アクセスの監視とログ管理を行うことで、アクティビティの追跡と異常な動作の検出を行うことができます。これにより、潜在的なセキュリティ侵害や情報漏洩の早期発見が可能になります。

4. セキュリティのレビューとアップデート：企業は定期的なセキュリティのレビューやアップデートを行うことで、プライベート API の脆弱性を特定し、セキュリティの改善を行うことができます。セキュリティのベストプラクティスに従って、システムやアプリケーションを最新の状態に保つことが重要です。
   これらの対策を組み合わせることで、企業はプライベート API アクセスを使用して、データの送信と受信の過程で情報漏洩のリスクを最小限に抑えることができます。ただし、具体的なセキュリティ要件や対策は企業の状況やニーズに合わせて検討する必要があります。

　以上の回答から、OpenAI は、ChatGPT を開発する際に、機密情報の漏洩や悪用を防止するためにセキュリティプロトコルを設けています。また、ChatGPT にアクセスするためには、強力な認証と承認プロセスが必要であり、アクセスレベルに応じた厳格なアクセス制限が導入されています。さらに、OpenAI は、ChatGPT を利用する企業や個人に対して、データの機密性を保証するために、契約や規定による厳格なプライバシー保護措置を提供しています。

2.ChatGPT と企業間の情報漏洩

　ChatGPT が使用されるようになって日は浅いのですが、既に問題が起こっています。

　サムソンの半導体事業などを担う DS（Device Solution）部門において、2022 年 3 月 11 日に ChatGPT の使用を許可後、約 20 日間で少なくとも 3 件の事案が発生したという。内訳は、設備情報の流出が 2 件、会議内容の流出が 1 件発生しています。

　事案の詳細は、以下の 3 項目です。

　1）バグがある半導体データベースのソースコードをコピーして修正を依頼

　2）機密コードをコピーして欠陥のある機器の修正プログラムを依頼

　3）会議音声をチャットボットに投げて、議事録の作成を試みた

　1 件目が、半導体設備測定データベースのダウンロードソフトに関するエラーを解消するため、ソースコードを ChatGPT に入力して解決策を問い合わせたもの。2 件目が、歩留まりや不良設備を把握するプログラムに関するソースコードを ChatGPT に入力し、コードの最適化を図ったもの。

3 件目が、社内会議の録音データを文書ファイルに変換後、ChatGPT に入力し、議事録を作成したものです。

　ChatGPT では、入力されたデータを学習データとして活用する場合があるため、機密性の高い内容を入力すると、不特定多数にその内容が流出する恐れがあります。これについては OpenAI 側でも、ChatGPT を利用するユーザーに対し、機密情報を入力しないよう注意喚起しています。

　対策：GPT との契約時にユーザーが送る情報を再利用しないという契約を結ぶ必要があります。または、個人の契約なら、入力するプロンプトに「この情報は、再利用しないでください。」と明記することで、一応、対策となりますが、重要な情報は、入力しないことが良いです。

　このケースは、どれも、ユーザーの意識が低いことから発生しています。企業としては、生成 AI を契約するときに自社情報をインプットしても、再利用しない契約を結ぶことで対策になります。この 3 件の情報流出は、サムソン DS から OpenAI に情報は流れましたが、そこから外部に流れていないと思われます。

3. 画像生成系 AI（画像とイラスト）の課題

　画像生成系 AI（画像とイラスト）の課題としては、社会で話題になっている著作権や不正使用の問題があります。

　まず、画像生成系 AI についてですが、人工知能によって画像を生成することができます。画像の増幅、生成対象の画像に物体を追加する、画像からの文字認識、画像のスタイル変換、3D 画像の生成するなど、画像生成系 AI は様々な画像制作用途に使用されています。画像生成 AI には「Stable Diffusion（ステーブルディフュージョン）」や「Midjourney（ミッドジャーニー）」といった製品があり、デザイン業界の常識を覆す存在として注目を浴びています。しかし、画像や絵を作り出してきたクリエイターや、風景や人物を撮影してきたカメラマンにとっては脅威と認識されており、今後のデジタルクリエイティブに大きな影響を与える存在となっています。この本の表紙デザインは、AI が作成したものを採用しました。

　AI による画像生成の仕組みは、大きく分けて教師あり学習と教師なし

学習の2の方法があります。教師あり学習では、入力データと正解ラベルを用いてモデルを学習させ、新しい画像を生成します。一方、教師なし学習では、正解ラベルのないデータを用いてモデルが自動的に特徴を学習し、新しい画像を生成します。

　画像生成AIを試して、下記の「東京タワーとスカイツリーを並べた写真」をリクエストしたら、簡単に作ってくれました。

図 7-1　画像生成系 AI で作成した 2 つのタワー写真（著者が作成）

　私は、画像 AI には、詳しくないのですが、無料の画像生成 AI で入力に「the picture of Tokyo tower and Sky tree」入力しただけで、この 2 つのタワー合成写真が、簡単に作れました。そこで、懸念点ですが、「AI に作らせたイラストや画像の著作権は、いったい誰のものなのでしょうか？」という問題点があります。「AI と著作権」の問題に詳しい出井甫弁護士によると、日本の著作権法では、著作物というのは「思想または感情の創作的な表現」と定義されています。つまり、①「思想または感情」が、

　②「創作的に表現」されている、という 2 つの要件を満たしたものが「著作物」ということになるわけです。AI が自律的・自動的に作った作品については、「思想または感情」という著作物の要件を満たさないので、著作物ではない。つまり、著作権も発生しないということになります。しかし、AI は、入力されたデータから画像を作りますから、入力されたデータに著作権があるとそれが、異なった答えになってきます。政府の報告書などでは「著作権が発生するのは、人間による創作的な寄与がある場合」つまり、この場合も人間の創作的な寄与が行われているかにより、著作権が認められることになります。つまり、生成 AI が集める膨大なデータにその作成した画像なり、イラストの参考としたデータに著作権のあるものが含まれていると著作権を請求されることがあり得るのです。逆の立場から言うと、イラストレータや写真家、画家さんは、自分の作品を保護し、権利を主張する方法を確立しないといけません。例えば、デジタル時代の音楽の著作権と同じ考えで仕組みの構築が必要だと思います。音楽関係の著作権を管理している組織として、JASRAC（一般社団法人日本音楽著作権協会）で管理されています。同様に、写真、イラスト、書画にも当然、著作権がありますので、それを管理する仕組みと組織が求められます。

1）日本音楽著作権協会（JASRAC）の管理方法

図7-2　日本音楽著作権協会（JASRAC）の役割（JASRAC 資料より抜粋）

参考文献（7-4）：JASRAC HP より引用

https://www.jasrac.or.jp/profile/intro/index.html

　JASRAC は、膨大な数の管理楽曲をデータベース化し、演奏、放送、録音、ネット配信などさまざまな形で利用される音楽について、利用者の方が簡単な手続きと適正な料金で著作権の手続きができる窓口となっています。そして、支払った使用料は、作詞者・作曲者・音楽出版者など権利を委託され管理をしています。

2）イラストや写真、画像の著作権管理

　イラストや写真、画像がインターネットやデジタル取引がされる時代において、著作権を管理する仕組みが求められる。音楽関係の日本音楽著作権協会（JASRAC）に似た組織が必要です。その内容としての私案ですが、デジタルのイラストや写真、画像を対象とした下記の仕組みが考えられます。

　・著作者の ID と作品 ID を著作物のデジタルデータに付加する。

・著作物のデジタル写真と ID との紐付けをしたデータベースで管理が
　必要
・管理方法としては、ブロックチェーン技術を利用する方法も考え考え
　られます。Web3 社会では、NFT（Non-Fungible Token）が生まれて
　いますので、この管理方法が参考になるはずです。

第 3 節　データ管理の在り方

1. 生成 AI の更なる利用の高度化

　生成 AI を企業が業務効率化に使うには、自社データを使うことが、不
可欠となっています。これまでの調査で分かった**課題は、自社の機密情報
を外部に漏洩させない方法です**。そこで必要になるのが、生成 AI を自社
用に安全に使う方法を確立することです。この節では、本書の最後のテー
マである「自社の機密情報を外部に漏洩させずに生成 AI を使用する方法」
を考えました。その方法として、3 つの案を示しています。

　まず、その 1 つの具体的な方法がプラグインです。プラグインとは、
コンピュータを自社用として接続して、自社データを入力して使用するこ
とです。これについて、理解を深めましょう。

　プラグインの方法も 2 種類があります。1 つは、オンプレミスのインス
トール：会社が自社のデータと GPT を統合する場合、OpenAI の GPT モ
デルを自社のサーバーやインフラストラクチャに展開し、データに直接ア
クセスすることができます。

　2 つ目は、プライベート API アクセス：OpenAI は、企業向けにプライ
ベート API アクセスを提供しています。企業は自社のデータを GPT に送
信し、応答を受け取ることができます。プライベート API は、通常の API
とは異なり、よりセキュリティが強化された環境でデータを処理します。

　生成 AI を自社用に「プラグイン 契約」をして、それを有効に動かすた
めには、膨大なデータが必要です。AI による生成技術は、大量のデータ
を用いて学習を行います。そのため、適切なデータセットの用意が必要で

す。データサイエンスの知識も必要になります。また、データセットの偏りがあると、生成された情報にも偏りが生じてしまうため、適切なデータセットの用意が重要です。ChatGPT は、Web 上の膨大なデータから情報を収集していますが、ChatGPT の場合は、どのようにデータを収集したかについて、質問してみました。

---------- プロンプト ----------
質問：ChatGPT は、どのようにどこからデータを収集したかについて、教えてください。
------------- End ----------------

----------- 回答 ------------
回答：ChatGPT は、訓練時に使用されるデータセットを構築するために、インターネット上の膨大なデータを活用しています。具体的には、Web クローラーと呼ばれるプログラムを使用して、ウェブページを巡回し、テキストデータを収集しています。データ収集の過程では、インターネット上の多様なウェブページから情報を取得します。これには、ニュース記事、ウィキペディアの記事、ブログ記事、フォーラムの投稿、書籍の抜粋などが含まれます。ただし、具体的な収集方法や使用されるウェブページの範囲については、OpenAI は公開していません。収集されたデータは、OpenAI のプライバシーポリシーに従って処理され、匿名化や集約化が行われることで個別のユーザーやウェブサイトとの関連性がなくなります。これにより、個人情報や特定のウェブサイトの機密情報が含まれないようになっています。
重要な点は、ChatGPT がデータセットの構築に使用するウェブデータは、ユーザーの特定やプライバシー侵害を意図的に行うものではないということです。その目的は、幅広いトピックや言語パターンのカバレッジを向上させ、多様な質問や会話に対応できるようにすることです。

　2023 年 3 月 23 日、OpenAI 社は ChatGPT でのプラグインを開始しました。

1）プラグイン契約と情報漏洩の危険性

　プラグイン契約を結ぶと、特定のソフトウェアやプラットフォームに追加の機能や機能拡張を提供するプラグインを利用することができます。

　データの連携：プラグインは、異なるソフトウェアやプラットフォーム間でデータを連携させることができます。たとえば、カレンダーアプリとメールクライアントのプラグインを組み合わせることで、メール内の予定を自動的にカレンダーに追加することができます。カスタマイズ：プラグインは、ソフトウェアの外観や動作をカスタマイズすることができます。たとえば、ビジュアルエディタのプラグインを追加することで、テキスト編集ソフトウェアの外観やエディタの動作を自分の好みに合わせて変更することができます。

　ここで、プラグインについて説明し、加えて類似したサービスである API との関係についても解説します。

　1．プラグインとは
・プラグインは ChatGPT と契約会社を統合し、カスタマイズと機能追加を実現する方法です。
・契約した会社は自社アプリケーションの拡張とカスタマイズのために ChatGPT プラグインを使用します。
・プラグインの役割は、契約会社が ChatGPT 応答に独自のロジックやデータを組み込むことです。
・カスタマイズと拡張により、ChatGPT を柔軟に適応し、ユーザーエクスペリエンス向上や業務プロセスの自動化が可能です。。
・プラグイン開発には、契約会社の開発者が ChatGPT の API を使用して独自の機能を実装します。
・プラグインにより、ChatGPT は異なる業界やアプリケーションに適用でき、カスタマイズと価値提供が実現できます。
　次に API との関係を説明します。
　2．API（Application Programming Interface）：

・API は、ソフトウェアアプリケーションが他のアプリケーションと連携するためのプログラムインターフェースです。
・API は、データの受け渡しや機能の呼び出しを可能にし、異なるソフトウェアコンポーネントやシステムが互いに通信できるようにします。
・API は、プラグインを開発するときの 1 つの機能を果たす部品的な役割を果たします。

ChatGPT に問い合わせをしました。

---------- プロンプト ----------
質問：プラグイン契約をするとその AI（GPT）は、自社だけで使えるのでしょうか？　また、そこに入れた情報は、外部に漏れないでしょうか？
------------ End ---------------

----------- 回答 -----------
回答：プラグイン契約によって取得した AI やソフトウェアは、自社内で利用することができる場合があります。これは、その契約がライセンスの形式で提供され、利用条件が限定されているためです。契約には、使用範囲、利用目的、利用期間などが明記され、契約者はその範囲内でのみ利用することができます。
情報の保護に関しては、プラグイン契約によって提供される AI やソフトウェアが適切なセキュリティ対策を講じているか、個別の契約やポリシーを確認する必要があります。プラグインによって処理される情報は、一般的には契約者のコントロール下にありますが、セキュリティの強化や個人データの保護に関しては、プラグイン提供元との契約やポリシーが適用されます。
情報の漏洩やセキュリティ侵害を防ぐためには、以下の点に留意することが重要です。
プラグイン提供元の評判やセキュリティ対策について調査し、

　信頼性を確認する。
　契約やポリシーを詳細に確認し、個人情報や機密情報の取り扱いに関する事項を理解する。セキュリティの最新のベストプラクティスに従って、自社内での適切な対策を実施する。再度強調しますが、具体的な契約内容やプラグインによって異なる場合がありますので、プラグイン提供元の契約書やポリシーを確認することが重要です。

　以上 回答では、契約により自社以外に情報が洩れることはないということです。
　しかし、プラグインで ChatGPT を自社用 AI として「教師あり学習」や「強化学習」を使って成長させていくには、かなりのデータサイエンスの知識と時間が必要になります。
　そこで、本書では、生成 AI（ChatGPT や Bard）と自社データ管理システムを組み合わせることを提案します。

2. 生成 AI と自社情報を扱うシステムとデータベース

　生成 AI を業務上と使うには、どうしても、自社情報を使うニーズが生まれてくるはずです。そこで、本書では、その必要性を考えて、どうあるべきかを考えてみました。そのシステム概念的な図が以下になります。
　ユーザーが問い合わせを生成 AI に行うと、一般的な質問なら ChatGPTによる回答になり、自社データによる回答が必要なときは、自社データシステムからのデータを ChatGPT に送り、回答としては、自社データを含んだ回答を答えるという仕組みです。

ChatGPT　＋　自社データから回答するシステム　＝＞　組み合わせたシステム

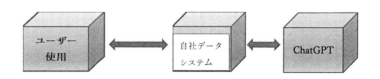

ここでの注目点は、自社データと ChatGPT との関係です。

　以下に、企業情報を ChatGPT と連携させる「自社データシステムと ChatGPT 連携システム」の概要を書きます。自社データシステムは、こうしたサービスを提供する会社があります。

「自社データシステムと ChatGPT 連携システム」

＜システムの処理手順の説明＞

① ユーザーがAIに聞きたいこと、処理を
　　させたいことを自社システムに入力する

② 自社システムは、チャットボット的な
　　処理で、送り先を振り分ける
　　（自社データ使用とChatGPTかを振り分ける）

③ 自社データを使う質問には、その回答に関する
　　情報（データ）を用意して、ChatGPTに送る

④ ChatGPTは、ユーザーの質問に対して、自社
　　データを使って文章を作成する

⑤ 回答ができたら、自社データシステムに送り、
　　自社データシステムからユーザーに回答する

図 7-3　自社データシステムと ChatGPT 連携システムの構成

　注）この場合　ChatGPT と自社データを外部に出さない契約であることの確認が必要です。

　前述の「自社データシステムと ChatGPT 連携システム」をシステムイメージ図にすると、下記のようになります。

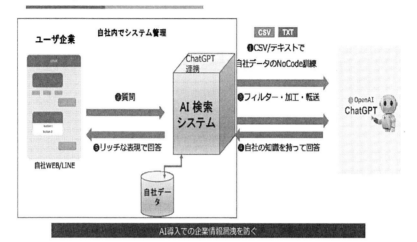

図 7-4　「自社データシステムと生成 AI 連携システム」のイメージ図

　以上をまとめると、自社データと生成 AI を連携させる方法としては、3
つの方法が考えられます。

＜自社データ（機密情報を含む）と生成 AI を連携させる方法＞
第 1 案：生成 AI（ChatGPT）に自社データを送る方法
　ユーザーが自社データを使用する質問をする場合は、自社システムでそ
の質問に関連する情報を用意し、そのデータを ChatGPT に送信します。
ChatGPT は受け取った内容をもとに文章を生成し、ユーザー向けの回答
を作成します。最終的には自社システムで回答を受け取り、ユーザーに送
信します。（この場合、ChatGPT はプロンプトに書かれた自社情報を使用
しない契約が必要です）

第 2 案：生成 AI（ChatGPT）に自社データを送らない方法
　ユーザーが自社データを使用する質問をする場合は、自社システムでそ
の質問に関連する回答を作成し、ユーザーに直接回答します。自社データ
を使用しない質問の場合は、ChatGPT に送信します。ChatGPT は受け取っ

た内容をもとに文章を生成し、ユーザー向けの回答を作成します。最終的には自社システムで回答を受け取り、ユーザーに送信します。自社システムは質問の内容に応じて、ChatGPT に送るかどうかを選択します。（自社データを使用するかどうかの判断は、開始当初は、ユーザーが、自社データ使用のボタンを押すなどの方法が考えられます。使用実績が貯まれば AI による判断も可能と思われます）

第 3 案：生成 AI（ChatGPT）とプラグイン契約又はオンサイト契約を行い、自社専用に使用する

プラグイン契約を結び、自社データを生成 AI（ChatGPT）に送信し、ユーザーの質問に対して、自社のドキュメント情報を活用した回答を提供することができます。オンサイト契約では、自社内に生成 AI 用サーバーを設置します。

第 3 案を選択する場合に留意すべき点は、生成 AI を自社専用に使用するため、自社データを整理して自社用の生成 AI システムにデータ入力をします。回答の精度を上げるために学習させ、データサイエンスの手法でデータの整備と生成 AI の学習を行うことにより、精度の高い回答がえられるようになります。

以上　企業の機密データを考慮しながら業務効率化を進めるためには、生成 AI の適用方法が重要な課題となります。本書で考えた 3 つの案は、生成 AI と自社システムの連携方法をシステムの概念レベルでまとめたもので、このシステムを実現するには、詳細な検討や自社開発か外部の専門業者を利用するかなど、具体的な検討が必要です。幸いなことに、日本国内でも生成 AI を開発する計画が進行中であり、近い将来実用化される可能性があります。その後は、さまざまな分野に特化した生成 AI が開発される可能性も考えられます。生成 AI を前向きに活用して、日本社会・経済の活力を高めるには、一企業の利益を図るだけではなく、産学官連携の組織により、国家プロジェクトで進歩を図る努力が求められると思います。

＜第 7 章　参考文献＞

文献（7-1）：経済産業省における行政情報の電子的提供の推進に関する実施方針

文献（7-2）：Google「AI 利用における基本方針
https://japan.googleblog.com/2019/07/ai.html

文献（7-3）：Google「私たちが追求しない AI 利用」
https://japan.googleblog.com/2018/06/ai-principles.html

文献（7-4）：JASRAC HP より
https://www.jasrac.or.jp/profile/intro/index.html

おわりに

　本書の原稿を書き始めたのは、2023 年 4 月に構想を立て、5 月から執筆を開始しましたが、その後の生成 AI の普及や発展には、驚かされます。新聞に連日のように掲載され、新しい製品やサービスも発表され、一度、書いた原稿を何度も追加、修正せざるを得なくなり、執筆に時間がかかり、関係する方々に大変、ご迷惑をおかけして申し訳ありませんでした。しかし、このような生成 AI の発展した（黎明期から成長期に入る）時期に原稿を書き、出版できることを感謝いたします。

　私が執筆をしながら気づいたことは、生成 AI によって世界中の知識が収集され、それの共有化が広がること「生成 AI によって知識の共有化が進む」ということです。

　つまり、インターネットにより「情報の共有化」が進みましたが、生成 AI によって「知識の共有化」が進み、社会の大きな変化を生む可能が出てきました。このことから「業務改革」という用語を使用しました。

「はじめに」で、本書の狙いと目的を掲げました。
1.　生成 AI を正しく理解すること。
　　（日進月歩なので適用範囲がどんどん拡大しています）
2.　生成 AI を活用して、業務効率化を図ること。情報収集活動は、生成 AI を活用し、人は、創造的な仕事や知的作業を増やし、人とのコミュニケーションを取る時間を増やすこと。
3.　上記 2 を実現するための実行手順を考える。
4.　上記 2 を実現するために必要な知識や事例を紹介する。
5.　生成 AI を活用する上での課題と対応策を考える。

　この目的を満たすべく、執筆してきましたが十分な記載ができず、不足する部分があればお詫びします。

また、本書の執筆中に、生成 AI のサービスを提供する会社の方々と会い、事例を収集し、ユーザー側の方々とも話をする機会がありました。こうした双方の交流が促進され、良い情報やノウハウが社会全体に広く還元されれば、日本企業の業務効率化に貢献し、人手不足の解消策にもなると考えています。そのためには、こうした交流や情報を交換し協力していく場や組織が必要だという認識を持つようになりました。賛同していただける方と一緒に、交流の場を創りましょう。生成 AI 教育やデータサイエンス、生成 AI を用いたシステム開発、プロンプト・エンジニアリング、著作権問題など、さまざまなテーマが考えられます。

　この本を出版するにあたり、埼玉学園大学研究叢書として出版させて頂くこととなり、同大学の学長・相談役をはじめ多くの先生、事務方の皆様にお世話になりました。執筆にあたり、参考にさせて頂いた資料の著作者の皆様や事例の収集にご協力頂いた会社の方、研究仲間の先生方など、お世話になった方に感謝いたします。最後に、電子書籍でお読みの方には、是非、評価とコメントをお願い致します。この本を読んで頂いた読者の皆様に感謝いたします。この出会いにより、皆さんとの新しい絆ができ、今後の素晴らしい機会があることを楽しみにしています。

　心から、感謝の意をこめて。

令和 5 年 10 月 17 日
著　者　　　森　雅俊
埼玉学園大学　経済経営学部　教授
東京大学　博士（工学）

― 著者紹介 ―

森　雅俊（もり　まさとし）

名古屋市出身

学歴：名古屋西高等学校卒業

　　　高崎経済大学卒業　経済学博士

　　　東京大学　大学院工学系研究科、博士（工学）を取得。

職歴：日本 IBM ㈱にて、生産管理業務、システムエンジニア、

　　　ERP コンサルタントを担当後、

　　　40 才で大学教員に転身後、2007 年 4 月より千葉工業大学　社

　　　会システム科学部　教授を経て、2021 年 4 月から

　　　埼玉学園大学　経済経営学部　教授

データサイエンス科目群担当し、AI（人工知能），暗号資産とブロックチェーン，フィンテックとデジタル社会、プラットフォーマービジネス、ゼミナールなどの教鞭をとる。また、近年は、講演や企業向け教育なども行っています。

　学会活動：日本生産管理学会　理事、

　人工知能学会　会員

　資格：技術士（経営工学）

埼玉学園大学研究叢書第 22 巻

「生成 AI による業務改革」
-ChatGPT や Bard を活用した業務効率化 -

著 者	森 雅俊
発行日	2023 年 10 月 23 日
発行者	高橋範夫
発行所	青山ライフ出版株式会社

〒 103-0014　東京都日本橋蛎殻町 1-35-2　グレインズビル 5 F 52 号
TEL：03-6845-7133　FAX：03-6845-8087
http://aoyamalife.co.jp　info@aoyamalife.co.jp

発売元　　株式会社星雲社（共同出版社・流通責任出版社）

〒 112-0005　東京都文京区水道 1-3-30
TEL：03-3868-3275
FAX：03-3868-6588

装幀　　　溝上なおこ

© Masatoshi Mori 2023 printed in japan
ISBN978-4-434-32912-8